잠잠하지 말고

복음을 선포하라

Preach Jesus Christ

잠잠하지 말고
복음을 선포하라
Preach Jesus Christ
(한영판)

강신융 선교사

너희는 온 천하에 다니며 만민에게 복음을 전파하라.
믿고 세례를 받는 사람은 구원을 얻을 것이요
믿지 않는 사람은 정죄를 받으리라.
(마가복음 16:15~16)

그러므로 너희는 가서 모든 민족을 제자로 삼아
아버지와 아들과 성령의 이름으로 세례를 베풀고
내가 너희에게 분부한 모든 것을 가르쳐 지키게 하라.
볼지어다.
내가 세상 끝날까지 너희와 항상 함께 있으리라.
(마태복음 28:19~20)

세움북

차례

본서를 발간하면서

선교사가 선교하는 방법은 여러 가지가 있을 것입니다. 대표적인 예로 몇 가지를 들어보면, 큰 규모로는 학교를 세워 교육사업하는 선교사, 또 신학교를 세워서 목회자를 양성하는 선교사, 교회를 세워 목회하는 선교사, 구제 활동을 하는 선교사, 교회를 건축해 주는 선교사가 있으며 작은 규모로는 고아원을 운영하는 선교사, 방과 후 학교를 운영하면서 아이들을 모으고 가르치는 선교사, 한국어를 가르치는 선교사, 사업을 하는 비즈니스 선교사, 현지 교회를 후원해 주고 설교하는 선교사, 세미나를 개최하여 성경과 기독교 교리를 가르치는 선교사, 목회자를 모아 재교육하는 선교사 등 수없이 많은 방법으로 각자가 가지고 있는 재능을 활용하여 선교하는 선교사가 있습니다.

그러나 어떤 방법을 동원하더라도 선교의 핵심은 구제도 아니며 사회 개혁도 아니며 문화 개혁도 아니며 학교 교육도 아니라 오직 "복음을 전하는 선교"에 초점이 맞추어져야 합니다. 즉, 복음인 예수 그리스도를 전하는 것이 선교라고 말하고 싶습니다.

저는 10년 동안 인도에서 주 2회씩 성경 세미나를 개최하여 목회자와 전도자를 양성하거나 재교육하면서, 매 주일 그들이 세운 교회를 순회하며 집회를 열어서 복음을 선포했습니다.

2019년부터 인도 모디 정부의 인도인 힌두화 정책으로 한국 선교사의 입국이 어려워짐에 따라 최근 4년 동안은 말레이시아 전국에 있는 인도계 말레이시아인의 교회를 순회하면서 집회를 열고 복음을 선포하고 있습니다.

이번에 14년 선교를 통하여 제가 선포하고 있는 복음을 자료로 정리하여 많은 사람이 함께 활용할 수 있도록 본서를 발행하게 되었습니다. 본서는 제가 집회를 통해서 대중에게 선포하는 복음 그대로이며, 우리가 흔히 서점에서 접할 수 있는 서적과는 다른 방법으로 편집한 독특한 책입니다. 다른 책과 비교하면 책의 구성도 다르며 내용도 복음에 국한했고 용어도 선포하는 용어로 표현되어 있습니다. 문장이 짧고 직설적이며 반복적으로 강조하는 표현이 많은 것이 특징입니다. 특히 한글 아래에 영어로 번역문을 넣어서 한영판으로 발간했습니다.

본서는 복음을 이해하고 확신하는데 유익한 책이 될 것입니다.

특히 신앙의 연륜이 짧은 분들이 복음을 이해하는 데 큰 도움이 될 것으로 믿으며 또 예비 선교사와 파송된 선교사도 현지 어디를 가더라도 "선포하는 복음"으로 활용할 수 있어서 매우 큰 유익이 되리라고 확신합니다. 본서를 통해서 복음이 세계 곳곳에 선포되어 하나님의 나라가 복음으로 확장되는 성령의 역사가 있기를 기도합니다. 아울러 선교 후원을 아끼지 않으신 모든 분과 예장백석대신 안양노회 선배 목사님과 또 이 책이 발간되도록 격려해 주신 초대교회 전병철 목사님에게 감사드립니다.

나는 왜 선교사가 되었는가?

젊었을 때, 나는 늘 내 마음대로 살았습니다.

그러나 마흔넷 되던 해
주님은 세상에 빠져있던 나를 불러주셨습니다.

그 후부터 이전에 경험하지 못했던
주님 주신 평안과 기쁨으로 살게 되었습니다.

그러나 그 은혜를 감사하면서도
여전히 나 자신만을 위해 애쓰고 힘쓰며 살았습니다.

그렇게 살면서도
그저 하나님의 은혜인 줄로만 생각했습니다.

그러다가 쉰여덟 되는 해
나는 직장도 돈도, 모든 것을 잃게 되었습니다.

그때 비로소 나는 내가 누군지 알게 되었습니다.

예순을 바로 코앞에 두고 보니
나는 주님께 속히 가고 싶어졌습니다.

이제 세상 것으로는
희망마저 보이지 않았기 때문이었습니다.

그러나 이대로는 갈 수 없었습니다.
내겐 주님께 보여드릴 아무것도 없었기 때문입니다.

2006년 9월 어느 날
빌립보서 1장 20~24절 말씀을 만났습니다.

나는 성경을 부둥켜안고
눈물로 몸부림치지 않을 수 없었습니다.

사도 바울은 복음을 위해
온갖 고난과 박해를 다 당했습니다.

그는 고통스러운 육체를 버리고
속히 주님께 가고 싶다고 생각했습니다.

그러나 그는 또 이렇게 말했습니다.

내가 육신으로 있는 것이
너희를 위하여 더 유익하리라.
(빌립보서 1:23~24)

어리석게도 나는 지금까지
나만을 위해 한 일밖에 없었습니다.

만약 내가 지금 주님께 간다면
심한 책망만 받을 뿐이라고 생각했습니다.

바울과 같이 살기로 했습니다.
선교는 순교라고 하는데도 말입니다.

마지막 남은 한 수의 정석을 두듯이
신학 공부하기를 결심했습니다.

어느덧 3년 과정을 다 마쳤습니다.
이 나이에 공부가 결코 쉬운 것은 아니었습니다.

그러나 공부가 이렇게 재미있는 줄은 미처 몰랐습니다.
주님이 함께 해주신 공부였기 때문입니다.

나를 향하신 특별한 은혜
주님의 기대가 있었기 때문일 것입니다.

먼 훗날 나는 또 이런 말을 하게 될 것입니다.
이 나이에 선교가 이토록 힘든 일인 줄 몰랐다고.

그래도 선교가 이토록 행복한 일인 줄
나는 미처 몰랐다고 말할 것입니다.

왜냐하면, 선교는 주님의 명령이며
주님께서 가장 기뻐하시는 일이기 때문입니다.
(마태복음 28:19~20)

내가 여든이 되면 내게도
주님 기뻐하실만한 것이 있게 될 것입니다.

요한복음 8장 29절 말씀입니다.
주님께서 나에게 깨닫게 하신 말씀입니다.

내가 주님의 기뻐하시는 일을 행하면
주님은 나를 혼자 두지 아니하신다는 것입니다.

주님은 포도나무, 나는 그의 가지로 말입니다.

가지인 내가 잊어서는 안 될 것은
좋은 열매를 맺어야 한다는 것입니다.

왜냐하면, 땅에 버려지거나
불살라지지 않기 위해서입니다.

이제 이 땅을 떠날 날도 멀지 않았습니다.
언제 떠나게 될지는 주님만 아실 것입니다.

그러나 내가 알고 있는 단 하나.
나도 언젠가는 주님께로 가게 된다는 것입니다.

주님께 빈손으로 가고 싶지 않습니다.
좋은 열매를 가지고 가려고 합니다.

빌립보서 1장 23~24절 말씀이

내 삶의 새로운 가치관이라 한다면

디모데후서 4장 7~8절 말씀은
내 마지막 인생의 목표가 되었습니다.

지난날은 너무 헛되이 살았습니다.
이제는 후회밖에 남아 있지 않습니다.

나에게 가장 두려운 것은
주님 앞에 섰을 때 후회하는 내 모습입니다.

누군가가 이런 말을 한 적이 있습니다.

이미 흘러가 버린 물은 물레방아를 돌릴 수 없지만
지금 흐르고 있는 물은 물레방아를 돌릴 수 있다고.

나에게서 이미 흘러가 버린 물
그 물은 이제 나와 상관없는 물이 되었습니다.

그 물로는 물레방아를 돌릴 수 없기 때문입니다.
그러나 지금 내 속에는 흐르고 있는 물이 있습니다.

바로 내 안에서 흐르고 있는 예수 생명
그리고 주님을 향한 열정과 소망입니다.

비록 이제부터 일지라도
나는 물레방아를 돌릴 수 있습니다.

많이 늦었습니다.
그러나 아직 끝은 아니라고 생각합니다.

왜냐하면, 나에게는 내일이 있기 때문입니다.

내일이란 소망을 품을 수 있는 날입니다.
누군가의 유익을 위한 나의 소망 말입니다.

이제 이런 소망을 향해
나의 갈 길을 달려가려 합니다.

떠날 때를 준비하는 자의 삶은
이런 삶이어야 한다고 생각했습니다.

관제와 같이 부음이 되는 것이어야 한다고 말입니다.

나는 감히 감당할 수 없겠지만
주님은 나로 그렇게 할 수 있도록 하실 것입니다.

어느덧 내 나이 62세가 훌쩍 넘어 버렸습니다.
세상에서는 아무것도 할 수 없는 나이입니다.

그래도 끝까지 해보려고 합니다.
주님께서 내게 허락하신다면 말입니다.

젊은이들은 나를 어르신이라고 말합니다.
그러나 나는 아직도 꿈이 있는 젊은이입니다.

이런 말씀이 생각납니다.
요한복음 21장 18절 말씀입니다.

지금까지는 내 뜻대로
내가 원하던 곳으로만 다녔지만

이제 후로는 주님 뜻이라면
내가 원치 않는 곳이라도 가겠노라고.

내가 확신하는 것, 한 가지가 있습니다.
나도 이제부터 물레방아를 돌리게 된다는 것입니다.

그것으로 인해
유익을 얻을 사람이 많게 될 것입니다.

이것이 바로 나에게는 소망입니다.
내 인생의 새로운 가치관이며 목적입니다.

사도행전 20장 24절 말씀을 생각해 봅니다.
이제부터 내가 살아야 할 나의 모습입니다.

"내가 달려갈 길과 주 예수께 받은 사명 곧
하나님의 은혜의 복음을 증언하는 일을 마치려 함에는
나의 생명조차 조금도 귀한 것으로 여기지 아니하노라."

언젠가 주님께서 나를 부르실 때가 올 겁니다.
그러므로 이제 나도 떠날 준비를 하려고 합니다.

주님의 또 다른 책에 기록될 열매도
서둘러 준비해야 하겠습니다.

사도 바울의 마음을 가지고
물레방아를 돌리는 일을 말입니다.

내 안에서 흐르고 있는 열정과 소망은
멈춰 있던 물레방아를 힘차게 돌릴 것입니다.

* * * * *

초신자 시절, 말씀으로 받은 은혜가 생각납니다.
예레미야 1장 7절의 말씀입니다.

"여호와께서 내게 이르시되
너는 아이라 말하지 말고
내가 너를 누구에게 보내든지 너는 가며
내가 네게 무엇을 명령하든지 너는 말할지니라."

이 말씀을 받았을 때
제 가슴은 방망이질했고

제 눈에는 영문도 모르게
눈물이 주르륵 흘러내렸습니다.

이사야 선지자의 고백(이사야 6:8)이

이제는 나의 고백이 되었습니다.

"내가 누구를 보내며 누가 우리를 위하여 갈꼬 하시니
그 때에 내가 이르되 내가 여기 있나이다. 나를 보내소서."
* * * * *
지금 저희 부부에게는 고쳐졌으면 하는 질병이 있습니다.

제 아내는 몸이 떨리고 근육이 굳어가는 파킨슨.
저는 시력을 잃어가고 있는 황반변성입니다.

어쩌면 서서히 가야 할 곳을 향해
가고 있는 것은 아닌지 모르겠습니다.

그래도 지금이
우리에겐 가장 행복한 때인 것 같습니다.

세계에서 두 번째로 많은 인구 12억의 나라 인도.
가장 많은 미전도 종족이 있는 나라 인도.

하나님께서 가장 싫어하시는 우상
3억 3천만 개나 만들어 섬기는 나라 인도.

인도에 와보니 제 눈에 들어오는 것은
더럽게 사는 사람들과 우상뿐이었습니다.

일하지 않고 노는 날이 더 많은 나라
자기 우상을 위해 기념하는 날이라고 하더군요.

길에서 태어나서 길에서 죽는 것을
당연하게 여기는 그들.

언젠가는 다시 환생할 것을 믿으며
이생에서는 그냥 소망 없이 살아가고 있는 그들.

인도 사람들이 너무 불쌍했습니다.
그 뿌리에는 카스트 제도와 힌두교가 있었습니다.

말도 통하지 않는 곳 인도
보이는 것마다 우상뿐인 세상입니다.

인간적으로만 생각한다면
정말 살기 싫은 곳, 더럽고 불편한 곳입니다.

그러나 하나님께서는 인도를 통해
우리 부부에게 새로운 꿈과 비전을 주셨고

우리 마음속에는
뜨거운 열정과 생명 넘치는 젊음을 주셨습니다.

지금 저희 부부에게는
또 다른 소망이 하나 있습니다.

앞으로 20년은
이 사역을 더 할 수 있는 건강을 말입니다.

그래서 20년 동안 현지인 목회자 2천 명을 양성하고
교회 없는 힌두 마을에
1천 교회를 개척하는 일입니다.

이것이 저의 욕심일까요?
소원이라고 이해해 주시면 좋겠습니다.

제가 믿는 하나님은 이런 분으로 알고 있습니다.

"너희 안에서 행하시는 이는 하나님이시니
자기의 기쁘신 뜻을 위하여
너희에게 소원을 두고 행하게 하시나니"
(빌립보서 2:13)

저는 하나님을 이렇게 믿고 있습니다.
기도 부탁드립니다.

3억 3천만 개의 우상을 만들어 섬기는
12억 인도 영혼을 위해 기도하면서.

교회 없는 65만 개의 힌두 마을에
마을마다 교회가 개척되기를 기도하면서.

2,080개의 인도의 미전도 종족에게
복음이 편만하게 전해지기를 기도하면서.

많은 사람에게 최고의 유익을 주는
복음의 물레방아를 힘차게 돌리기 위해서.

(2006년 신학교 입학 ~ 2010년 선교사가 되기까지)

나의 사역 소개

저는 신학을 공부해서 목사로 안수 받아 파송된 선교사입니다.
저는 하나님의 뜻에 따라 인도 선교사로 부르심을 받았습니다.

저는 10년 동안 인도 뱅갈로르에 살면서 복음을 전했습니다.

인도에서 저의 사역은 성경과 조직신학을 가르쳐서
전도자를 양성하고 목회자를 재교육하는 사역입니다.

저는 인도에서 다섯 개의 전도자 양성학교를 운영하고 있습니다.
200명의 목회자와 평신도 리더들이 학교에서 배우고 있습니다.

저는 그들에게 요한복음과 로마서와 갈라디아서와 히브리서 등
복음 위주로 성경을 가르쳐서 전도자를 양성하고 있습니다.

성경은 처음부터 끝까지 예수 그리스도를 말하고 있습니다.
그래서 제가 가르치는 주제도 역시 복음인 예수 그리스도입니다.

인도의 법에 의하면 외국인은 년간 180일을 거주하지 못하므로
저는 남은 180일을 말레이시아에서 사역하기로 했습니다.

말레이시아에서는 인도계 말레이시아인이 많기 때문입니다.
따라서 인도계 말레이시아인에게 복음을 가르치고 있습니다.

저는 그들을 가르쳐서 전도자와 선교사로 세우려고 합니다.
그리고 그들을 인도로 보내서 복음을 전하게 하려고 합니다.

인도계 말레이시아인의 조상의 고향은 인도 타밀나두 주입니다.
타밀나두는 제가 인도에서 사역하는 지역의 남쪽에 있습니다.
제가 인도에 있을 때, 가서 복음을 전하고 싶었던 곳입니다.

인도는 한국 선교사가 공공연하게 선교하기 어려운 나라입니다.
인도계 말레이시아인이 인도에 들어가는 것은 쉬울 것입니다.

저는 말레이시아에서 인도를 선교해 주기를 기도하고 있습니다.
이것은 400년 전부터 계획하신 하나님의 뜻이라고 생각합니다.

저는 인도계 말레이시아인이 인도에 복음을 전하기를 바랍니다.
또 인도계 말레이시아인이 인도인을 위해 기도하기를 바랍니다.

이것이 제가 말레이시아로 와서 복음을 전하게 된 동기입니다.
인도 통역 목사님과 말레이시아 통역 목사님에게 감사드립니다.

하나님의 사람 창조와 사람 구원의 목적
The purpose of God's Creation and Salvation

1. 본 문 Main Text

창세기 1:27 하나님이 자기 형상 곧 하나님의 형상대로 사람을 창조하시되 남자와 여자를 창조하시고 So God created mankind in his own image, in the image of God he created them; male and female he created them. 28 하나님이 그들에게 복을 주시며 하나님이 그들에게 이르시되 생육하고 번성하여 땅에 충만하라, 땅을 정복하라, 바다의 물고기와 하늘의 새와 땅에 움직이는 모든 생물을 다스리라 하시니라. God blessed them and said to them, "Be fruitful and increase in number; fill the earth and subdue it. Rule over the fish in the sea and the birds in the sky and over every living creature that moves on the ground."

창세기 12:1 여호와께서 아브람에게 이르시되 너는 너의 고향과 친척과 아버지의 집을 떠나 내가 네게 보여 줄 땅으로 가라. The LORD had said to Abram, "Go from your country, your people and your father□s household to the land I will show you. 2 내가 너로 큰 민족을 이루고 네게 복을 주어 네 이름을 창대하게 하리니 너는 복이 될지라. I will make you into a great nation, and I will bless you; I will make your name great, and you will be a blessing. 3 너를 축복하는 자에게는 내가 복을 내리고 너를 저주하는 자에게는 내가 저주하리니 땅의 모든 족속이 너로 말미암아 복을 얻을 것이라 하신지라. I will bless those who bless you, and whoever curses you I will curse; and all peoples on earth will be blessed through you."

창세기 15:6 아브람이 여호와를 믿으니 여호와께서 이를 그의 의로 여기시고 Abram believed the LORD, and he credited it to him as righteousness.

디모데전서 2:4 하나님은 모든 사람이 구원을 받으며 진리를 아는 데에 이르기를 원하시느니라. God wants all people to be saved and to come to a knowledge of the truth.

이사야 43:21 이 백성은 내가 나를 위하여 지었나니 나를 찬송하게 하려 함이니라. the people I formed for myself that they may proclaim my praise.

2. 제 목: 하나님의 세상 창조와 사람 구원의 목적
The purpose of God's Creation and Salvation

3. 들어가는 말 Beginning Word

오늘 말씀의 주제는 "하나님이 사람을 왜 창조하셨으며 왜 구원하려고 하시는가?"입니다.

The subject of today's Word is "Why did God create mankind?" "Why does God strive to save all man?"

만약 우리가 하나님의 사람 창조의 목적과 구원의 목적을 알면 우리는 성경을 더 쉽게 이해할 수 있을 것입니다. Once we know God's purpose of creation and salvation, we will be able to understand the Bible more easily.

그리고 하나님께서 우리에게 주신 사명도 이해할 수 있을 것입니다. And we will be able to understand the mission that God has given us.

나는 여러분이 오늘 말씀을 통해서 하나님의 사람 창조의 목적과 사람 구원의 목적을 이해할 수 있기를 바랍니다.

I hope that through today's message you can understand God's purpose of creating mankind and the purpose of man's salvation.

오늘 이 말씀을 통해서 우리의 사명도 깨달을 수 있게 되기를 바랍니다. I hope that through today's message we can also realize our mission.

4. 설교내용 Preaching Word

하나님께서 세상 만물을 창조하시고 우리 인간을 창조하셨습니다. God created all things and mankind.

여러분, 하나님께서 사람을 왜 창조했는지 생각해 본 적 있습니까? Have you ever thought about "why God created mankind?"

그리고 하나님께서 만물을 왜 창조했는지 생각해 본 적 있습니까? Have you ever thought about "why God created all things?"

우리는 하나님께서 세상의 모든 것을 창조하신 창조주이심을 알고 있지요? We all know that God is the Creator who created all things.

그러면 하나님께서 왜 모든 것을 창조했을까요?

Then, why did God create all things?

하나님께서 우연히 만들었습니까?
Did God create all things by chance?
하나님이 살 곳이 없어서 이 세상을 창조하셨습니까?
Did God create this world, because there was no place
for God to live?

저는 그렇지 않다고 생각합니다. I don't think so.

하나님은 만물을 창조하기 이전부터 계셨던 분입니다.
God has existed, even before the world began.

이 세상이 없었을 때도, 하나님은 영원 전부터 계셨습니다.
Even before this world existed, God has existed from
eternity ago.

하나님께서 만물을 창조하기 전에 모든 것을 계획하셨습니다.
God had planned all of this, before He created all
things.

그러면 왜 사람을 창조하기로 계획하셨을까요?
Then, why did God plans to create mankind?
왜 하늘과 땅과 바다와 그 가운데 사는 모든 생물을 창조하셨습
니까? Why did God create the heavens, the earth, the
sea, and all living things?

거기에는 하나님의 심오한 뜻이 있다고 저는 생각합니다.
I think that there is a profound Will of God.

창세기 1장 27절을 읽어봅시다. Let's read Genesis 1:27.

창세기 1:27 하나님이 자기 형상 곧 하나님의 형상대로 사람을 창조하시되
So God created mankind in his own image,

하나님은 자기 형상 곧 하나님의 형상대로 사람을 창조하셨습니
다. God created mankind in His own image.

이 말씀은 사람을 매우 중요한 존재로 만들었다는 것을 의미합
니다. This Word means that God made mankind as the
most important being.

또 28절에는 하나님은 창조한 사람에게 복을 주셨다고 말씀하고 있습니다. In verse 28, God says that God blessed the mankind He created.

이 구절에서 "하나님이 복을 주셨다."라는 말씀이 있습니다.
In this verse, there is the Word "God blessed."

영어 성경에서는 "God blessed."라고 표현하고 있습니다.
The English Bible expresses the Word "God blessed".

그러나 원어 성경에서는 **"바라크"**라는 단어로 표현하고 있습니다. But In the original language Bible, it is expressed with the Word "Barak".

바라크의 뜻은 "무릎 꿇고 하나님께 찬송한다."는 뜻입니다.
The meaning of Barak is "to kneel and praise God".

이 복은 세상에 살면서 얻을 수 있는 물질적인 복이 아닙니다.
This blessing is not a material blessing that can be obtained while living in the world.

"**바라크**"는 사람이 하나님께 무릎 꿇고 찬송하고 경배하고 예배한다는 뜻입니다. "Barak" means "kneeling down before God and praising God, and worshiping God".

하나님께서 사람을 창조했을 때 사람에게 복을 주셨습니다.
When God created mankind, God gave the blessing to mankind.

그 복은 하나님께 무릎 꿇고 찬송하고 예배하는 복입니다.
The blessing is "kneeling down before God, praising God and worshiping God".

이것이 원어 성경에서 기록된 바라크의 복입니다.
This is "the blessing of Barak" in the original language Bible.

하나님은 사람을 창조하실 때 하나님 앞에서 순종하는 사람으로 창조했고 하나님을 찬송하고 예배하는 사람으로 만들었습니다.
God created mankind who obeys to God and praises and worships God.

따라서 하나님은 사람으로부터 높임 받기를 원하고 계십니다.
Therefore, God wants to be exalted by all people.

하나님은 사람이 하나님을 나의 왕으로 부르기를 원하고 계십니다. God wants all people to call on Him, "my Lord, my King".

우리는 날마다 하나님을 찬양하고 있습니다.
We praise God everyday.
하나님을 나의 주, 나의 왕이라고 부르면서 찬양하고 있습니다.
We praise God by calling on Him, "my Lord, my King".

왕에게는 누구든지 무릎을 꿇어야 합니다.
To the King, everyone must kneel down.
누구든지 왕을 찬송해야 합니다.
Everyone should praise the King.

우리는 하나님 앞에서 말씀에 순종하는 마음으로 무릎을 꿇어야 합니다. We must kneel down before God, with an obedient heart for God's Word.

그리고 우리는 왕이 우리에게 주시는 말씀을 들어야 합니다.
We have to listen to our King's Words.

그리고 왕의 말씀대로 사는 것이 우리가 왕 앞에서 해야 할 일인 것입니다. And to live according to the King's Word is what we must do before the King.

바라크는 찬송하고 경배한다는 뜻이 포함되어 있습니다.
"Barak" includes the meaning of praising and worship.

하나님을 높이고 경배하고 하나님께 예배를 드려야 한다는 뜻입니다.
It means that we should exalt God and worship God.

하나님께서는 사람을 만드셨는데, 하나님께 순종하고 하나님을 찬송하고 경배하도록 만드셨어요. God created mankind to obey and praise and worship God.

하나님이 만드신 만물은 이렇게 사는 사람들을 위해 만드신 것입니다. All things God created were made for people to live like this.

하나님은 사람을 위해 만물을 아름답게 창조하신 것입니다.
God created all things beautifully for mankind.
And God saw that very good.

하나님은 만물을 먼저 창조하시고 나중에 사람을 창조했습니다.
God created all things. After that, he created mankind.

그러나 하나님의 계획에는 사람을 창조하는 것이 만물보다 먼저입니다. However, in God's plan, the creation of man precedes all creatures.

그러니까 하나님은 사람을 위해서 만물을 만드신 것입니다.
So, God made all things for mankind.

하나님은 사람에게 무릎 꿇고 찬송하고 예배하고 경배하는 복을 주셨습니다. God has blessed people to kneel down, to praise and to worship God.

즉, 성경에서 하나님은 사람에게 **바라크**의 복을 주셨다고 말하고 있습니다. In other words, God gave mankind "the blessing of Barak".

이 **바라크**의 복이 사람에게는 가장 중요하고 가장 기본적인 복입니다. This blessing of Barak is the most important and basic blessing for mankind.

하나님 앞에 무릎 꿇고 찬송하고 예배하는 복이 최고의 복이라는 것입니다. The blessing of kneeling before God and praising and worshiping God is the greatest blessing.

이 **바라크**의 복이 하나님이 사람에게 주신 "복 중의 복"입니다. The blessing of this Barak is the best one of the blessings that God gave to mankind.

이 **바라크**의 복만 우리가 잘 행하면 다른 모든 복도 받을 수 있는 것입니다. If we do well this "Barak blessing", we can get all other blessings.

그런데 아담 이후에 모든 사람이 이 **바라크**의 복을 누리며 살지 못했습니다. However, after Adam, all people did not live enjoying this "blessing of Barak".

아담이 하나님의 말씀을 순종하지 않아서 죄를 범했습니다.

Adam committed a sin by disobeying God's Word.

아담은 죄인이 되어서 하나님과 관계가 끊어지고 하나님으로부터 분리되었습니다. Adam became a sinner. He lost his relationship with God. So he was separated from God.

아담은 하나님과 교제할 수 없는 사람이 되었습니다.
Adam became a sinner who could not have fellowship with God.

아담은 하나님께 예배할 수 없는 사람이 되었습니다.
So Adam became a sinner who could not worship God.

아담의 자녀들도 하나님께 예배할 수 없는 사람이 되었어요.
Adam's children also became the sinners who could not worship God.

아담의 첫째 아들인 가인은 동생 아벨을 죽이고 자기 가족만이 모여서 살 성을 만들었습니다.
Adam's first son, Cain killed his younger brother, Abel. And Cain built a city for only his family to live in.

그들은 하나님을 떠나서, 자기 가족을 데리고 자기들끼리만 살았습니다. He left God with his family.
And they lived only for themselves without God.

가인과 그의 가족은 하나님을 찾지도 않았고
그의 후손 중에 아무도 하나님께 예배하지 않았습니다.
Cain and his family did not seek God.
Anyone of his descendants did not worship God.

아담은 세 번째 아들 셋을 낳았습니다.
Adam had a third son, Seth.

셋이 에노스를 낳았을 때, 사람들은 비로소 하나님을 찾기 시작했습니다. When Seth had a son Enosh, people began to call on the name of God.

창세기 4:26절을 읽어봅시다. Let's read Genesis 4:26.

창세기 4:26 셋도 아들을 낳고 그의 이름을 에노스라 하였으며 그 **때에 사람들이 비로소 여호와의 이름을 불렀더라**. Seth also had a son, and he named him Enosh. At that time people began to call on the name of the LORD.

하나님의 이름을 불렀다는 말은 하나님을 찾았다는 뜻입니다.
Calling on the name of God means that they have
sought God.

그것은 하나님을 찾고 하나님께 예배했다는 뜻입니다.
It means that they sought God and worshiped God.

그러나 사람들은 그 이후에도 계속해서 죄를 범하면서 하나님을
떠났습니다. But after that time also, people continued to
commit a sin and left God.

창세기 6장은 노아 시대에 사람들의 죄악이 가득했다고 말씀
하고 있습니다. Genesis chapter 6 tells us that people in
Noah's time were full of sins.

하나님께서 땅 위에 사람 지으셨음을 마음 아파하셨습니다.
God grieved that God had created mankind.

그래서 하나님께서는 사람과 짐승을 다 멸하겠다고 말씀하셨습

니다. Therefore, God said that He would destroy both man and all the beasts.

그러나 노아만 하나님의 은혜를 입고 살아남았습니다.
However, only Noah survived by the grace of God.

노아와 노아 가족만 살고, 모든 사람은 홍수로 다 죽었습니다.
Only Noah and his family survived.
And everyone else perished in the flood.

그러나 그 후, 노아 아들들도 죄를 범하면서 하나님을 찾지 않았습니다. But after that, Noah's sons also sinned and did not seek God.

그들은 하나님을 왕으로 모시지도 않았고, 오히려 하나님처럼 되려고 했습니다. They didn't call on God as their King. But rather they tried to become like God.

그들은 하늘에 닿을 수 있기 위하여 바벨탑을 쌓기 시작했습니다. They started building the Tower of Babel to reach heaven.

하나님은 이것을 보시고 모든 사람을 다 흩어버렸습니다.
God saw this and God scattered all the people.

그들은 죄를 가지고 하나님을 떠나서 여기저기로 다 흩어졌습니다. They left God with their sins and were scattered all over the world.

그들은 하나님 없이 살면서 하나님께 예배할 수 없었습니다. They could not praise and worship God by living without God.

그러나 하나님은 세상 모든 사람이 하나님 앞에 나오기를 원하셨습니다. But God wanted everyone in the world to come before Him.

하나님은 그들이 **바라크**의 복을 누리도록 아브라함을 불렀습니다. So, God called Abraham, so that they could enjoy the blessing of "Barak".

창세기 12장에는 하나님께서 아브라함을 부르신 내용이 기록되어 있습니다. In Genesis chapter 12, it is written that

God called Abraham.

12장 2절에서 하나님께서는 아브라함에게 복을 주신다고 말씀하셨습니다. In chapter 12 verse 2, God said to Abraham, "I will bless you".

영어 성경에서는 복을 준다는 말을 "BLESS"라고 표현하고 있습니다. In the English Bible, the word "blessing" is expressed as "BLESS".

그러나 원어 성경에서는 "바라크"라는 말로 분명하게 표현하고 있습니다. However, in the original language Bible, it is clearly expressed "Barak".

하나님은 아브라함에게 무릎 꿇고 찬송하고 예배하고 경배하는 복을 주신 것입니다. God blessed Abraham to kneel down and praise and worship God.

그리고 12장 3절 뒷부분에서 아브라함에게 이렇게 말씀하셨습니다. And God said to Abraham in the latter part of chapter 12 verse 3 as follows.

12:3b 땅의 모든 족속이 너로 말미암아 복을 얻을 것이라.
　"all peoples on earth will be blessed through you."

땅의 모든 족속이 아브라함으로 말미암아 복을 얻을 것이라고 말씀했습니다. God said that all people on earth will be blessed through Abraham.

이 복도 역시 무릎 꿇고 찬송하는 복입니다. This blessing is also the blessing of kneeling down and praising God.

하나님은 아브라함을 통해서 죄로 흩어진 사람들을 다시 불러 모으길 원했습니다.
Through Abraham, God wanted to gather again all people on the earth,

그리고 그들이 하나님을 왕으로 인정하고 찬송하기를 하나님은 원했습니다. And God wanted them to acknowledge God as their King and to praise God.

하나님은 아브라함에게 하나님을 찾지 않는 모든 죄인을 불러 모아서 하나님을 찬송하고 예배하게 하라고 명령하신 것입니다.

God commanded Abraham to gather all the sinners who do not seek God together in order that they could praise and worship God.

이 복이 바로 하나님께서 사람을 창조할 때 주신 **"바라크의 복"** 입니다. This is the blessing of Barak that God gave to mankind when creating.

하나님께서는 이 **바라크의 복**을 모든 사람이 누리기를 원하고 계십니다. God wants everyone to enjoy this "blessing of Barak".

이것은 태초에 하나님께서 사람을 창조하신 이유이기 때문입니다. This is the reason why God created mankind in the beginning of the world.

아브라함도 죄 많은 사람이었습니다.
Abraham was also a sinner.

그러나 하나님께서 그를 사용하시기 위해서 은혜로 의롭다고 하셨습니다. But God justified him by grace to use him.

창세기 15:6절을 읽어봅시다. Please read Genesis 15:6.

창세기 15:6 아브람이 여호와를 믿으니 여호와께서 이를 그의 의로 여기시고 Abraham believed the LORD, and He credited it to him as righteousness.

이렇게 하나님은 아브라함의 믿음을 보시고 그를 하나님의 의로 여기셨습니다. In this way, God saw Abraham's faith and regarded him as righteousness.

하나님은 아브라함을 통해서 모든 죄인을 하나님 앞으로 불러 모으려고 하셨습니다. And God tried to gather all sinners before God through Abraham.

무엇을 하기 위해서 불러 모으려고 한 것입니까?
What did God try to gather all sinners to do?

모든 사람이 하나님 앞에 무릎 꿇고 찬송하고 예배하게 하기 위해서입니다. It is to make everyone kneel down before God, praise to God, and worship God.

다시 말하자면, 창조 때에 주신 **바라크의 복**을 행하게 하기 위해서입니다. In other words, it is to do the "blessing of Barak"given at the time of creation.

하나님은 무엇을 원하고 계십니까? What does God want?

하나님께서는 온 세상 사람으로부터 예배받으시기를 원하십니다. God wants to be worshiped by people all over the world.

그러면, 하나님께서 사람으로부터 예배 받으시기를 얼마나 원하시는지 알아봅시다. So, let's find out how much God wants to be worshiped by all people.

이스라엘 백성들이 애굽에서 약 400년 동안 종의 생활을 했습니다. The Israelites lived as the servants in Egypt for about 400 years.

하나님께서 이스라엘 백성을 애굽에서 탈출시키려고 모세를 불렀습니다. God called Moses to lead the Israelites out of Egypt.

모세를 애굽으로 보내서 이스라엘 백성을 데려오라고 명령했습니다. God sent Moses to Egypt and commanded him to bring the Israelites out.

하나님은 모세에게, 바로에게 가서 다음과 같이 말하라고 명령했습니다. God commanded Moses to go to Pharaoh and say to him as follows.

하나님이 말씀하시기를, "내 백성을 보내라. 그들이 나를 섬길 것이니라." The LORD says: "Let my people go, so that they may worship me."

바로 왕에게 가서 이 말을 하라고 말씀하셨습니다. 모세는 열 번이나 말했습니다. Moses was sent to the king Pharaoh and said this Word ten times.

"내 백성을 보내라. 그들이 나를 섬길 것이니라."
"Let my people go, so that they may worship me."

하나님께서 원하시는 것은 무엇입니까? 그것은 예배입니다.
What does God want? That is "worshiping God".

하나님은 모든 사람이 하나님을 예배하기 원하셨습니다. God wanted all Israelites to praise God and worship God.

5. 이제 말씀을 정리하겠습니다.
Now I am going to conclude today's Word.

하나님께서는 사람을 예배하는 복을 누리는 사람으로 창조하셨습니다. God created mankind who enjoys the blessing by worshiping God.

하나님께서는 사람을 창조하실 때 사람으로부터 예배받기를 원하셨습니다. When God created mankind, God wanted to be worshiped by mankind.

사람들은 죄로 흩어졌고 하나님 없이 살면서 예배하지 않고 있었습니다. People were scattered by their sin and lived without God. And they did not worship God.

그러나 하나님께서는 세상 모든 사람이 하나님께 예배하기를 원하셨습니다. But God wanted everyone in the world to praise and worship God.

하나님은 이렇게 원하시는데 사람들은 하나님을 찾지 않고 예배하지 않는 것입니다. God wants this. But people in this world do not seek God and worship God.

왜 사람들이 하나님을 찾지 않고 하나님께 예배하지 않을까요?
Why do people not seek God?
And why do people not worship God?

사람들이 창조된 목적대로 하나님을 예배하지 않는 이유는 죄 때문입니다. The reason why people do not worship God is because of sin.

사람은 스스로 죄를 해결할 수 없고 스스로 하나님을 찾을 수도 없습니다. Man can not solve his sins by himself, and can not seek God.

그래서 하나님께서 하나님의 아들 예수 그리스도를 보내신 것입니다. Therefore, God sent His One and Only Son, Jesus Christ.

예수 그리스도가 우리 모든 죄를 대신해서 속죄 제물로 죽어주신 것입니다. Jesus Christ died as an atoning sacrifice, for all our sins.

하나님께서는 아브라함의 믿음을 보시고 그를 의롭다고 여겨 주셨습니다. God saw Abraham's faith and credited it to him as righteousness.

마찬가지로 하나님께서는 예수 그리스도를 믿는 사람을 의롭다 고 인정해 주신 것입니다. Likewise, God has declared as righteous those who believe in Jesus Christ.

에베소서 1:3~7절과 12절을 읽어봅시다.
Let's read Ephesians 1:3~7 and verse 12.

에베소서 1:3 찬송하리로다. 하나님 곧 우리 주 예수 그리스도의 아버지 께서 그리스도 안에서 **하늘에 속한 모든 신령한 복**을 우리에게 주시되 Praise be to the God and Father of our Lord Jesus Christ, who has blessed us in the heavenly realms with every spiritual blessing in Christ. **4** 곧 창세 전에 그리스도 안에서 우리를 택하사 우리로 사랑 안 에서 그 앞에 거룩하고 흠이 없게 하시려고 For he chose us in him before the creation of the world to be holy and blameless in his

n love **5** 그 기쁘신 뜻대로 우리를 예정하사 예수 그리스도로 말미
자기의 아들들이 되게 하셨으니 he predestined us for adoption
onship through Jesus Christ in accordance with his pleasure
d will. **6** 이는 그가 사랑하시는 자 안에서 우리에게 거저 주시는 바 그
시 은혜의 영광을 찬송하게 하려는 것이라. to the praise of his glorious
grace, which he has freely given us in the One he loves. **7** 우리
는 그리스도 안에서 그의 은혜의 풍성함을 따라 그의 피로 말미암아 속
량 곧 죄 사함을 받았느니라. In him we have redemption through his
blood, the forgiveness of sins, in accordance with the riches of
God's grace **12** 이는 우리가 그리스도 안에서 전부터 바라던 그의 영광
의 찬송이 되게 하려 하심이라. in order that we, who were the first
to put our hope in Christ, might be for the praise of his glory.

예수 그리스도를 믿는 사람은 죄를 용서받습니다. Those who believe in
Jesus Christ receive forgiveness from God.

또 하나님과 깨어졌던 관계가 다시 회복되어 화목한 관계가 됩
니다. And the broken relationship from God becomes a
restored and reconciled relationship with God.

그러면, 하나님 앞에 나와서 무릎 꿇고 찬송하고 예배하는 삶을
살게 되는 것입니다.

Then, they come to God and live a life of kneeling before God and praising and worshiping God.

우리도 지금 예수 그리스도를 믿기 때문에 오늘 이 자리에 나와서 하나님을 예배하고 있는 것입니다. Because we believe in Jesus Christ, today we are here to worship God.

왜 하나님께서 이처럼 예배받기를 원하십니까?
Why does God want to be worshiped like this?

그것은 사람을 창조할 때부터 예배하는 사람으로 창조하셨기 때문입니다. It is because God created mankind to worship God in the beginning.

하나님께서 얼마나 예배받기를 원하시는지 성경에서 더 확인해 보겠습니다. Let's find out more, about how much God wants to be worshiped.

우리는 이 세상에 살다가 육체의 생명이 끝나면 천국에 가게 됩니다. When our physical life ends in this world, we go to heaven.

그러면 우리는 천국에 가서 무엇을 하는 겁니까?
Then, what do we do, when we go to heaven?

천국에 가서 먹을 것을 위해 땅을 경작해야 합니까?
또 씨 뿌려서 곡식을 거두어야 합니까? When we go to heaven,
must we cultivate the land for food?
Must we sow the seeds and must we reap the crops?
또 우리는 땀 흘리면서 우리가 살 예쁜 집을 짓는 일을 합니까?
And must we work hard to build a pretty house, for us
to live in?

우리는 천국에 가면 그런 것이 다 필요 없는 것입니다.
We don't need all of that, when we go to heaven.

하나님께서 그런 것을 미리 다 준비해 두셨습니다.
God has already prepared all these things.

그러면, 우리가 천국에 가면 무엇을 합니까?
Then, what do we do, when we go to heaven?
사도 요한이 천국에 가서 본 것을 요한계시록 4장과 5장에 기록

했습니다. Apostle John wrote his experience in Heaven in Revelation chapter 4~5.

요한계시록 4장 2, 10~11절을 읽어봅시다.
Let's read Revelation chapter 4:2, verse 10~11.

요한계시록 4:2 내가 곧 성령에 감동되었더니 보라 하늘에 보좌를 베풀었고 그 보좌 위에 앉으신 이가 있는데 At once I was in the Spirit, and there before me was a throne in heaven with someone sitting on it. **10** 이십사 장로들이 보좌에 앉으신 이 앞에 엎드려 세세토록 살아 계시는 **이에게 경배하고** 자기의 관을 보좌 앞에 드리며 이르되 the twenty-four elders fall down before him who sits on the throne and worship him who lives for ever and ever. They lay their crowns before the throne and say: **11 우리 주 하나님이여 영광과 존귀와 권능을 받으시는 것이 합당하오니** 주께서 만물을 지으신지라 만물이 주의 뜻대로 있었고 또 지으심을 받았나이다 하더라. "You are worthy, our Lord and God, to receive glory and honor and power, for you created all things, and by your will they were created and have their being."

우리가 천국에 가면 보좌에 앉으신 하나님을 찬송하고 경배하는 것입니다. When we go to heaven, we will praise and worship God who sits on the throne.

하나님께서 우리에게 원하시는 것은 바로 찬송과 예배입니다.
In this world also, what God wants is for us to praise
and worship God.

하나님은 사람을 창조하실 때부터 하나님을 예배하는 복을 주
셨습니다. In the beginning, God created man, and gave
the blessing of worship.

그러나 사람들은 죄 때문에 하나님을 떠나서 예배하는 복을 버렸
습니다. However, because of sin, people abandoned the
blessing of worship.

그래서 하나님은 죄 때문에 예배하지 못하는 사람들을 불러 모으
기를 원하셨습니다. So, God wanted to gather people who
could not worship, because of sins.

하나님은 하나님 없이 죄 가운데 사는 사람들로부터 예배를 받
기 원하십니다. God wants to be worshiped from people
who live in sin without God.

이제 하나님의 뜻이 무엇인지 성경을 통해 알아봅시다.

Let's find out what God's Will is through the Bible.

디모데전서 2:4절을 읽어봅시다. Please read 1Timothy 2:4.

디모데전서 2:4 하나님은 모든 사람이 구원을 받으며 진리를 아는 데에 이르기를 원하시느니라. God wants all people to be saved and to come to a knowledge of the truth.

구원을 받지 못한 사람은 죄 때문에 하나님 앞에 나올 수 없습니다. Those who are not saved, can not come before God because of sins.

구원을 받은 사람들만 하나님 앞에 나와서 예배할 수 있습니다. Only those who were saved, can come before God and worship God.

하나님은 예배받으시기 위해서 사람들을 구원하기 원하십니다. God our Lord wants to save all the people in order to receive worshiping.

그러면 사람이 무엇을 해서 구원을 받습니까?
Then, what must people do to be saved?

하나님의 아들 예수 그리스도를 믿음으로 구원받습니다.
Salvation comes through faith in Jesus Christ, the Son
of God.

누구든지 예수 그리스도를 나의 구주로 믿으면 죄를 용서받습니다. Whoever believes in Jesus Christ as his Savior, will be forgiven.

좋은 일을 많이 하고, 선한 일을 많이 해서 죄 용서받는 것이 아닙니다. We can not be forgiven of our sins, through doing good.

예수 그리스도를 믿으면 죄로부터 구원을 받습니다. Whoever believes in Jesus Christ, will be saved from his sins.

우리가 예수 그리스도를 믿으면 죄를 용서받고 성령을 선물로 받습니다. Whoever believes in Jesus Christ, receive the Holy Spirit as a gift of God.

우리는 성령의 도움으로 선한 일을 할 수 있게 됩니다.
Whoever believes in Jesus Christ, can do good, only in the Holy Spirit.

그래서 예수님은 승천하시기 전에 제자들에게 말씀하셨습니다.
Before Jesus ascended to heaven, he said to His disciples.

마가복음 16:15~16절을 읽어봅시다.
Please read Mark 16:15~16.

마가복음 16:15. 또 이르시되 너희는 **온 천하에 다니며 만민에게 복음을 전파하라.** He said to them, "Go into all the world and preach the gospel to all creation. **16.** 믿고 세례를 받는 사람은 구원을 얻을 것이요 믿지 않는 사람은 정죄를 받으리라. Whoever believes and is baptized will be saved, but whoever does not believe will be condemned.

예수 그리스도를 믿는 사람은 구원을 받고 하나님께 예배할 수 있습니다. Whoever believes in Jesus Christ can be saved and worship God.

예수 그리스도를 믿는 사람은 하나님의 형상을 다시 회복하게 됩니다. Whoever believe in Jesus Christ will restore the image of God.

그들은 하나님께 예배함으로써 "바라크"의 복을 누릴 수 있습니다. They can enjoy the blessing of "Barak" by worshiping God.

하나님께서 주시는 모든 복을 누릴 수 있는 원천은 하나님께 예배하는 복입니다. The basic source of all the blessings of God is the blessing of worshiping God.

하나님께 예배하는 복은 만복의 근원이 되는 복입니다.
The blessing of worshiping God is the most basic of all blessings.

이 복은 하나님 앞에 겸손히 나가서 하나님을 찬송하고 예배하는 복입니다. This blessing is the blessing of praising and worshiping God.

예수 그리스도를 믿지 않는 사람은 예배하는 복도 누릴 수 없는 것입니다. All the unbelievers can not enjoy the blessing of worshiping God.

하나님께서는 세상 모든 사람이 하나님께 나와서 예배하도록 우리를 아브라함을 부른 것과 같이 불러주시고 선택하셨습니다. God wants everyone to come to God and worship God. Therefore, God called us and chose us like Abraham.

우리는 하나님께 예배하도록 부름을 받은 사람들입니다. We are the people who were called to worship God. 하나님은 아브라함을 부른 것처럼 우리를 불러주셨습니다. God has called us just as God called Abraham.

하나님은 아브라함에게 다음과 같이 말씀하셨습니다. God said to Abraham as follows.

창세기 12:1~3절을 읽어봅시다. Let's read Genesis 12:1~3.

창세기 12:1. 여호와께서 아브람에게 이르시되 너는 너의 고향과 친척과 아버지의 집을 떠나 내가 네게 보여 줄 땅으로 가라. The LORD had said to Abram, "Go from your country, your people and your father's household to the land I will show you. **2.** 내가 너로 큰 민족을 이루고 **네게 복을 주어** 네 이름을 창대하게 하리니 **너는 복이 될지라.** I will make you into a great nation, and **I will bless you**; I will make your name great, and you will be a blessing. **3.** 너를 축복하는 자에게는 내가 복을 내리고 너를 저주하는 자에게는 내가 저주하리니 **땅의 모든 족속이 너로 말미암아 복을 얻을 것이라** 하신지라. I will bless those who bless you, and whoever curses you I will curse; and all peoples on earth will be blessed through you."

"너는 복이 될지라." "You will be a blessing."
"세상 모든 사람이 너로 말미암아 복을 얻을 것이라."
"All people on earth will be blessed through you."

아브라함은 세상 모든 사람에게 바라크의 복을 받도록 해야 했습니다. Abraham should have made everyone receive the blessing of Barak.

그러나 아브라함과 그의 후손은 하나님께서 주신 사명에 실패했습니다. But Abraham and his descendants failed in the mission, given by God.

아브라함과 그 후손은 실패했지만, 우리는 사명을 반드시 성취

할 것입니다. Abraham and his descendants failed in the mission. But we can fulfill definitely our mission.

왜냐하면, 예수 그리스도께서 이미 다 이루셨기 때문입니다.
It is because Jesus Christ has already accomplished the salvation through his death.

우리는 우리에게 맡겨진 사명을 충성스럽게 감당하기만 하면 되는 것입니다. We have to be faithful for the mission, entrusted to us from God.

하나님께서 우리에게 맡겨주신 사명이 무엇입니까?
What is the mission that God has entrusted to us?

하나님께서 우리에게 주신 사명은 세상 모든 사람을 하나님 앞에 불러 모으는 것입니다. The mission that God has given us is to gather all people before God.

우리는 그들을 예수 그리스도 안에서 죄 용서함을 받게 해야 합니다. We must help them receive forgiveness of their sins in Jesus Christ.

그리고 우리는 그들이 하나님의 말씀을 따르고 예배하도록 해야 합니다. And we must get them to follow God's Word and worship God.

그러면 우리는 특별히 무엇을 해야 합니까?
So what should we do particularly?

하나님께서 우리에게 맡겨주신 사명은 복음을 전하는 것입니다. The mission that God has entrusted to us, is to preach the Gospel.

우리는 세상 모든 사람에게 예수 그리스도를 믿도록 복음을 전해야 합니다. We must preach the Gospel for all people to believe in Jesus Christ.

이것이 하나님의 뜻이며 하나님의 소원이며 우리에게 주신 사명입니다. This is God's Will, God's Wish, and the Mission given to us.

디모데전서 2:4절의 말씀이 하나님의 소원입니다.
The Word of 1 Timothy 2:4 is God's Wish.

모든 사람이 구원을 받고 진리를 알아서 하나님께 예배하는 것입니다. It is for all people to be saved.
And it is that all people come to know the truth and to worship God.

우리는 예수 그리스도를 믿음으로 죄를 용서받은 사람들입니다.
We all are the people who were forgiven by believing in Jesus Christ.

그래서 우리는 하나님을 찬양하고 예배하는 복을 받은 사람들입니다. So, we were blessed to praise and to worship.

우리는 하나님을 나의 왕이라고 찬송하고 있습니다.
So, we are praising God as our King, our Lord.

하나님만이 찬송 받으실 분이며 하나님만이 예배를 받으실 분입니다. God alone is the One to be praised.
God alone is the One to be worshiped.

우리는 예수 그리스도를 믿기 때문에 예배하는 것입니다.
We praise and worship God, ecause we believe in

Jesus Christ.

바라크의 복을 통해 받는 복 중에서 가장 좋은 복이 무엇인지 아세요? Do you know what is the best blessing among the blessings we receive through worshiping God?

그것은 마음의 평안입니다.
That is the peace in our hearts.

우리가 하나님께 예배할 때 마음이 불편한 사람 있습니까?
Is there anyone uncomfortable, when worshiping God?

하나님께 예배하면 누구든지 은혜받고 우리 마음은 평안해지는 것입니다. Whoever worship God, will receive God's grace and peace in our hearts.

하나님의 아들 예수 그리스도는 우리에게 은혜와 평강을 주시는 분입니다. Jesus Christ, the Son of God, is the God who gives us grace and peace.

우리가 하나님을 높이고 찬양하고 예배하면 우리는 평안을 얻게 됩니다. When we exalt, praise, and worship God, we have peace in our hearts.

그 평안은 세상에서는 결코 얻을 수 없는 평안입니다.
That peace is the peace that can never be obtained in this world.

우리는 복음을 전해야 합니다. We must preach the Gospel.

우리는 세상 사람들에게 예수 그리스도를 전해야 합니다.
We must preach Jesus Christ toward the world.

세상 모든 사람이 무릎 꿇고 찬송하는 복을 회복하도록 복음을 전합시다. Let's preach the Gospel, so that everyone in the world can kneel down to God and praising God.

세상 모든 사람이 예배하는 복을 회복하도록 온 천하에 복음을 전합시다. Let's preach the Gospel all over the world, so that everyone in the world can restore the blessing of worshiping God.

세상 모든 사람이 바라크의 복을 즐길 수 있도록 복음을 전합시다. Let's preach the Gospel, so that everyone can enjoy the blessing of Barak.

예수 그리스도는 하나님의 독생하신 아들입니다.
Jesus Christ is the One and Only Son of God.

예수 그리스도는 세상 만물을 창조하신 창조주 하나님이심을 전합시다. Let's preach that Jesus Christ is the Creator God who created all things.

예수 그리스도는 우리 죄를 대신해서 죽어주신 구주라고 전합시다. Let's preach that Jesus Christ is our Savior who died for us.

세상 모든 사람이 구원을 받고 하나님 앞에 나오도록 복음을 전합시다. Let's preach the Gospel, so that all people in the world can come before God.

아브라함과 그의 후손들은 이 사명을 수행하지 못했습니다.
Abraham and his descendants failed to carry out this

mission.

그러나 우리는 성령 안에서 복음을 전하여 이 사명을 감당할 수
있습니다.
However, we can fulfill this mission by preaching the
Gospel in the Holy Spirit.

이렇게 복음을 전하는 여러분이 되기를 예수 그리스도의 이름으
로 축원합니다. I bless you in the name of Jesus Christ, so
that you can preach the Gospel.

6. 오늘 우리에게 주신 말씀으로 기도하겠습니다.
   I will pray with today's Word given to us.

하나님 아버지, 하나님께 예배하는 복을 주셔서 감사합니다.
Thank You Father God for the blessings of worshiping
God.

그러나 많은 사람이 죄로 하나님을 떠나서 예배하지 못하고 있습
니다. However, many people are unable to worship you,
because of their sins.

세상 모든 사람이 구원을 받아 하나님께 나와서 찬양하고 예배하는 것이 하나님의 소원임을 믿습니다.
It is God's Wish that all people on earth be saved and praise and worship You.

하나님께서는 하나님의 소원을 이루도록 우리를 불러 주셨습니다. You have called us to fulfill your Wish.

우리가 세상을 향해서 복음을 전하도록 우리에게 뜨거운 마음을 주시옵소서. Please give us the earnest heart to preach the Gospel toward the world.

우리가 성령 안에서 이 사명을 감당할 수 있도록 기름을 부어 주옵소서. Please anoint us, so that we can carry out this mission in the Holy Spirit.

우리를 구원하신 예수 그리스도의 이름으로 기도합니다.
We pray in the name of Jesus Christ who saved us.

아멘. Amen.

언제 어느 때나 여러분에게 예수 우리 구주, 하나님의 복이 충만
하기를 축원합니다.
May you be blessed fully at any time at any place in the
name of Jesus, our Savior our Lord.

하나님께서 여러분과 여러분의 가족에게 복을 주십니다.
God bless you and your family.

아멘. Amen. 할렐루야! Hallelujah!

하나님이 자기 형상 곧
하나님의 형상대로 사람을 창조하시되
(창세기 1:27)

이 백성은 내가 나를 위하여 지었나니
나를 찬송하게 하려 함이니라.
(이사야 43:21)

하나님은 모든 사람이 구원을 받으며
진리를 아는 데에 이르기를 원하시느니라.
(디모데전서 2:4)

왜 예수님을 믿어야 하는가?
Why must we believe in Jesus?

1. 본 문 Main Text

요한복음 3:16 하나님이 세상을 이처럼 사랑하사 독생자를 주셨으니 이는 그를 믿는 자마다 멸망하지 않고 영생을 얻게 하려 하심이라. For God so loved the world that he gave his one and only Son, that whoever believes in him shall not perish, but have eternal life.

요한복음 1:12 영접하는 자 곧 그 이름을 믿는 자들에게는 **하나님의 자녀가 되는 권세를 주셨으니** To all who received him, to those who believed in his name, God gave the right to become children of God.

2. 제 목: 왜 예수님을 믿어야 하는가?
Why must we believe in Jesus?

3. 들어가는 말 Beginning Word

할렐루야! 하나님께서 여러분을 사랑하십니다.

Hallelujah! God love you so much.

하나님께서는 독생자 아들 예수님을 사람의 몸으로 이 땅에 보내 주셨습니다. God sent the Son of God, Jesus in the flesh into the world for us.

예수님은 우리 죄를 위해 십자가에 못 박혀 피 흘려 죽어주셨습니다. Jesus died crucifying on the cross and pouring out his blood for us.

예수님은 우리의 영생을 위해 장사한 지 사흘 만에 다시 살아나셨습니다. Jesus was buried and was raised on the third day for our eternal life.

오늘, 저는 여러분을 위해 복음을 전하고자 합니다.
Today, I want to preach the Gospel, for you.

이제 저는 "왜 예수님을 믿어야 하는가?" "예수님을 믿기 위해 어떻게 해야 하는가?" 이런 내용을 가지고 복음을 전하려고 합니다. From now on, I am going to preach the following subject. "Why must we believe in Jesus?" To believe in

Jesus, "how must we do?" and "what must we do?"

4. 설교내용 Preaching Word

천지 만물은 어떻게 해서 생긴 것입니까?
How were created the heavens and the earth and all things?

누가 만들었습니까? 아니면 저절로 생겼습니까?
And who created them? "by itself? or naturally?"

천지와 만물은 하나님께서 창조하셨습니다. The heavens and the earth were created by God in the beginning.

창세기 1:1 태초에 하나님이 천지를 창조하시니라. In the beginning, God created the heavens and the earth.

하나님은 하늘의 해도 만들었고 달도 만들었고 수많은 별들도 만들었습니다.
And God created also the sun, the moon, and the stars in the beginning.

하나님께서 궁창과 땅과 바다도 만들었고 And God created also the sky, the earth, and the sea in the beginning. 그 가운데에 있는 모든 생물을 다 만들었습니다. God created all living things, according to their kinds in the beginning.

사람도 하나님께서 하나님의 형상을 따라 만드신 피조물입니다. God created human being also, male and female, in God's own image.

하나님은 여러분도 창조하셨습니다. God created you also.

그러므로 하나님은 무한한 사랑으로 여러분을 사랑하고 계십니다. Therefore, God loves you with unfailing love.

인류의 처음 사람은 아담이라는 남자였습니다. The first man whom God created, was Adam.

하나님은 아담의 돕는 배필로서 여자를 만들었는데 그가 하와입니다. God created a woman as the helper for Adam. She was his wife, named Eve.

처음 사람인 아담과 하와는 죄가 없었습니다.
At first, the first man, Adam and Eve, had no sins.
그들은 하나님과 교제하면서 행복하게 살았습니다.
They lived happily through having fellowship with God.

그러나 사탄이 아담과 하와에게 죄를 범하도록 유혹했습니다.
But the Satan tempted Adam and Eve to commit a sin.
아담과 하와는 사탄의 유혹에 빠져서 죄를 범했습니다.
Adam and Eve fell into temptation of Satan and they committed a sin.

사람이 죄를 범함으로써 하나님과 사람 사이의 관계가 깨어졌습니다. Because of sin, they were separated from God.

아담의 모든 후손도 아담의 죄 때문에 모두 죄인이 되었습니다.
All the descendants of Adam also became sinners, because of the sin of Adam.

따라서 모든 사람이 죄인이기 때문에 이 세상에 의인은 하나도 없습니다. Therefore, because all men became sinners, there is no one righteous in this world, not even one.

하나님께서는 성경을 통해 다음과 같이 말씀하고 계십니다.
God says to us through the Scriptures as follows.

로마서 3:10 의인은 없나니 하나도 없으며,
Romans 3:10 There is no one righteous, not even one.
로마서 3:11 하나님을 찾는 자도 없고,
Romans 3:11 There is no one who seeks God.
로마서 3:23 모든 사람이 죄를 범하였으매 하나님의 영광에 이르지 못하더니 Romans 3:23 All have sinned and fall short of the glory of God.

사람은 죄값으로 고통당하며 살다가 죽어 지옥으로 가게 되었습니다(로마서 6:23). Because of sin, all men live by being afflicted with several disease and troubles.
When they die, they will be thrown into the Hell.

그들은 지옥 불못에서 영원히 고통당하며 살 것입니다.
And they will be tormented forever in the lake of fire.

그러나 하나님은 여러분에게 복 주시는 하나님입니다.
But God is your God who bless you!

사람의 복은 하나님께서 주관하고 계십니다. All the blessing in our life is given only by God, our Creator.

사람은 더 잘 살기 위해서 자기 자신의 힘으로 복을 얻으려고 합니다. All men are continually trying to get the abundant life, through their own efforts.

그러나 죄인이기 때문에 하나님께서 주시는 복을 누릴 수 없습니다. But all men can not enjoy the blessing of God, because they are sinners.

죄인은 이 땅에서 전쟁과 질병과 기근과 다툼과 괴로움으로 삽니다. The sinners live being afflicted by war, disease, famine and natural disaster. The sinners live being afflicted by several troubles in this world.

그리고 언젠가는 육체와 영혼은 심판받아 지옥으로 가게 됩니다. And some day, they shall die and shall be judged by God. They shall be thrown into the Hell and shall be tormented forever in the Hell.

지옥이란 어떤 곳입니까? What is the Hell like?

지옥은 영원히 고통받는 불못입니다. (요한계시록 20:10,15)
The Hell is the lake of fire where sinners shall be tormented forever.

지옥에서는 영원한 형벌이 있습니다.
In the Hell, there is only eternal punishment.
그곳에서 영원토록 고통스럽게 지내게 됩니다.
At that place, the sinners shall live being tormented forever.

이것이 죄인에 대한 하나님의 형벌이며 죄인이 받는 죄의 결과입니다. This is the punishment of God toward the sinners, and the result of sin.

하나님께서는 사람을 사랑하십니다.
God loves all men very much.

그러나 사람은 죄 때문에 하나님의 사랑을 누릴 수 없습니다.
But all men can not enjoy God's love because of sin.

그러면 우리는 죄 문제를 어떻게 해결할 수 있습니까?
Then, how can we solve the problem of our sins?

사람은 자기 힘으로 죄 문제를 해결할 수 없습니다.
No one can solve the problem of his sins through his own efforts.

사람은 죽으면 우리를 창조하신 하나님 앞으로 가야 합니다.
When we die, we must go to God the Creator, because God created us all.

그렇게 되기 위해서 사람의 죄 문제는 살아 있는 동안 해결해야 합니다. To go to God, all men have to solve the problem of their sins while they live.

사람은 자기 노력으로는 스스로 죄 문제를 해결할 수 없습니다.
Man can not solve the problem of his sins by himself.

왜냐하면, 죄인이기 때문에 스스로 죄 문제를 해결할 수 없습니다. Because all men are sinners, they can not solve their sins through their own efforts.

자기 자신의 노력이란 무엇을 말하는 것입니까?
What is his own efforts?

자기 노력이란 선행, 수양, 철학, 종교 이런 것들을 말합니다.
His own efforts means such as doing good, philosophy or any religion.

사람은 이런 것들로 하나님께 가까이 가려고 합니다.
All men are continually trying to go to God, through these efforts.

우리는 선행으로도 죄를 해결할 수 없으며 종교로도 해결할 수 없습니다. We can not solve our sins through good deeds and any religion.
수양이나 철학으로도 우리는 우리의 죄를 스스로 해결할 수 없습니다. We can not solve our sins through cultivating our mind and philosophy.

하나님은 갈라디아서 2:16절에서 이것을 말씀하고 있습니다.
God says to us this in Galatians 2:16.

갈라디아서 2:16 사람이 율법의 행위로써는 의롭다 함을 얻을 육체가 없느니라. No one will be justified by observing the law.

누구든지 죄 문제가 해결되지 않으면 하나님께 나아갈 수 없습니다. Whoever does not solve his sins, can not reach God.

그러면, 어떻게 하여야 구원을 얻을 수 있습니까?
Then, how must we do to be saved from our sins?
무엇을 해야 합니까? What must we do?

우리의 죄는 그 어떤 방법으로도 우리 스스로 씻을 수 없습니다. We can not remove our sins, whatever we do by our own way.

그러나 죄를 해결할 수 있는 유일한 한 가지 방법이 있습니다.
But, there is only one way to solve our sins.

그것은 바로 우리를 창조하신 하나님께서 우리를 용서해 주시는 것입니다. It is only the way that God the Creator, forgives our sins.

우리는 죄를 스스로 해결할 수는 없지만

We can not solve our sins by ourselves.

하나님께서 우리를 용서해 주시면 죄 문제는 해결됩니다.

But our sins will be solved when God forgives us.

그래서 하나님은 우리의 죄를 용서하기 위해서 하나밖에 없는 자기 아들을 이 땅에 보내 주셨습니다. Therefore, God sent his one and only Son into the world to forgive us.

요한복음 3장 16절을 읽어봅시다. Let's read John 3:16.

요한복음 3:16 하나님이 세상을 이처럼 사랑하사 독생자를 주셨으니 이는 그를 믿는 자마다 **멸망하지 않고 영생을 얻게 하려 하심이라.** For God so loved the world that he gave his one and only Son, that whoever believes in him shall not perish but have eternal life.

하나님은 우리를 너무 사랑하기 때문에 독생자 아들을 보내주셨습니다. God gave his One and Only Son for us, because He loved us so much.

하나님은 우리가 멸망하지 않고 영생을 얻게 하려고 아들을 보내

주셨습니다. God sent his One and Only Son for us, not to perish but have eternal life.

하나님은 그 아들을 이 세상에 보내주셔서 우리 대신에 죽게 했습니다. And God made his One and Only Son die, instead of us.

그 아들은 우리 대신 죽어서 우리 죄값을 갚으셨습니다. (고린도전서 15:3) God's Son died instead of us and atoned for our sins through his death.

그는 가장 고통스러운 형벌인 십자가에 달려 우리를 대신하여 죽어주셨습니다. He died for us being afflicted and pouring out all his blood on the Cross.

그리고 죽어 장사한 지 사흘 만에 다시 살아나셨습니다. (고린도전서 15:4) He was buried and raised on the third day, according to the Scriptures.

그가 누구입니까? Who is he?

이분이 바로 우리가 믿어야 하는 우리 주, 예수 그리스도입니다.
He is Jesus, the Christ, our Lord, whom we believe in.

예수님은 우리 대신에 우리를 위해 죽어주셨습니다.
Jesus died for us instead of us.

그의 대속의 죽음으로써 우리는 죄를 용서받을 수 있게 되었습니다. His atoning death made it possible for us to be forgiven of our sins.

이것이 우리가 예수님을 믿어야 하는 이유입니다. That is the reason why we have to believe in Jesus Christ.

하나님의 아들 예수 그리스도만이 사람의 죄 문제를 해결할 수 있는 유일한 길입니다. Only Jesus Christ, the Son of God is the only way to solve our sins.

예수님은 우리 죄를 용서받을 수 있는 유일한 구원의 길입니다. Therefore, Jesus is the only way for us to be saved from our sins.

요한복음 14장 6절을 함께 읽어봅시다.
Let's read together, John 14:6.

요한복음 14:6 내가 곧 길이요 진리요 생명이니 나로 말미암지 않고는 아버지께로 올 자가 없느니라. Jesus said, "I am the way and the truth and the life. No one comes to the Father, except through me."

예수님은 하나밖에 없는 하나님의 아들입니다.
He is God's One and Only Son. He is the son of God.

예수님은 우리를 위해 죽어주셨습니다.
Jesus died instead of us.

우리는 예수님을 믿음으로 구원을 얻을 수 있습니다.
We can be saved by believing in Jesus Christ.

갈라디아서 2:16절과 사도행전 4:12절을 함께 읽어봅시다.
Let's read together, Galatians 2:16 and Acts 4:12.

갈라디아서 2:16 사람이 의롭게 되는 것은 율법의 행위로 말미암음이 아니

요 오직 예수 그리스도를 믿음으로 말미암는 줄 알므로 우리도 그리스도 예수를 믿나니 이는 우리가 율법의 행위로써가 아니고 그리스도를 믿음으로써 의롭다 함을 얻으려 함이라 **율법의 행위로써는 의롭다 함을 얻을 육체가 없느니라.** A man is not justified by observing the law, but by faith in Jesus Christ. So we, too, have put our faith in Christ Jesus that we may be justified by faith in Christ and not by observing the law, because by observing the law no one will be justified.

사도행전 4:12 다른 이로써는 구원을 받을 수 없나니 천하 사람 중에 구원을 받을 만한 다른 이름을 우리에게 주신 일이 없음이라 하였더라. Salvation is found in no one else, for there is no other name under heaven given to men by which we must be saved."

누구든지 예수님을 믿는 사람은 멸망하지 않고 영생을 얻습니다. Whoever believes in Jesus, shall not perish, but have eternal life.

우리가 우리의 죄를 용서받으려면 한 가지 일을 해야 합니다.
We must surely do one thing to be forgiven from our sins by God.

우리를 대신하여 죽어주신 예수님을 하나님의 아들로 인정하고
예수님을 우리의 구세주로 믿는 길밖에 없습니다.
We must acknowledge that Jesus died instead of us.
We must acknowledge that Jesus is the Son of God.
And we must believe in Jesus as our Savior.

사도행전 16:30-31절을 읽어봅시다.
Let's read Acts 16:30-31.

사도행전 16:30 그들을 데리고 나가 이르되 선생들이여 **내가 어떻게 하여야 구원을 받으리이까?** 하거늘 He then brought them out and asked, "Sirs, what must I do to be saved?" **31** 이르되 **주 예수를 믿으라. 그리하면 너와 네 집이 구원을 받으리라** 하고 They replied, "Believe in the Lord Jesus, and you will be saved -- you and your household."

예수님을 믿는 것은 하나님께서 우리 죄를 용서해 주시는 유일한 방법입니다. Believing in Jesus Christ is the only way that we can be forgiven by God.

그러면 예수님은 누구입니까? Then, who is Jesus?

하나님의 아들인 예수님은 세상이 창조되기 이전부터 계셨던 분입니다. Jesus, the Son of God has already existed before the world began.

하나님의 아들인 예수님은 성부 하나님과 함께 이 세상을 창조하셨습니다. Jesus, the Son of God created all the things with Father God.

따라서 예수님은 모든 인류를 다 창조하신 창조주 하나님입니다. Therefore, Jesus is the Son of God and the Creator God. He also created all the mankind.

예수님은 창조주로서 우리 인간의 생사화복을 주관하십니다. Jesus governs our life and death, our prosperity and adversity, our blessing and curse as the Lord of all.

우리가 사는 것과 복을 받는 것이 다 예수님의 손에 달려 있습니다. Our life and blessing and prosperity all are in the hand of Jesus Christ.
우리가 죽는 것과 화를 당하는 모든 것이 예수님의 손에 달려 있습니다. Our death and adversity and curse all are in

the hand of Jesus Christ.

예수님은 영원 전부터 계셨던 하나님의 아들입니다.
Jesus is **the Son of God** who has existed from eternity.

예수님은 세상의 모든 것을 창조하신 창조주 하나님입니다.
Jesus is **the Creator God** who created all things.

예수님은 우리를 죄에서 구원해 주신 구세주이며 그리스도입니다. Jesus is the Savior, the Christ who saved us from our sins.

이 예수님을 믿으면 우리는 죄를 용서받고 하나님의 자녀가 됩니다. Therefore, if we believe in Jesus Christ, we can be forgiven and become the children of God.

나는 여러분에게 한 가지 질문하고 싶습니다.
I want to ask you one thing.

왜 모든 사람은 예수님을 믿어야 합니까?
Why should all men believe in Jesus?

모든 사람이 죄를 범하였으며 다 죽어 형벌을 받기 때문입니다.
Because all have sinned and all sinners are destined to
die and be punished.

형벌은 지옥에 가서 영원히 고통당하며 사는 벌입니다.
The punishment is to go to Hell and to live in suffering
forever.

그러므로 사람은 죄를 용서받아 구원받고 형벌을 면해야 합니다.
Therefore, all must be forgiven and saved from sin and
must not be punished.

사람은 예수님을 구주이며 그리스도로 믿어야 합니다.
All men must believe in Jesus as the Lord, the Savior,
the Christ.

예수님은 하나님께서 구원자로 이 세상에 보내신 하나님의 아
들이기 때문입니다. It is because Jesus is the Son of God
whom God sent as the Savior into the world.

하나님의 아들 예수님이 사람의 죄 문제를 해결하셨기 때문입니

다. For Jesus, the Son of God solved all our problems of sin by His death.

누구든지 예수님이 하나님께로 갈 수 있는 유일한 길이라는 것을 믿어야 합니다. So, everyone must believe that Jesus is the only way to God.

예수님을 믿는 자는 누구든지 하나님의 자녀가 되고 영생을 얻습니다. Whoever receives Jesus Christ and believes in his name, becomes the children of God and he has eternal life.

하나님께서는 이것을 성경에서 다음과 같이 말씀하고 있습니다. God declares this in the Scriptures as follows.

요한복음 1:12 영접하는 자 곧 그 이름을 믿는 자들에게는 하나님의 자녀가 되는 권세를 주셨으니 Yet to all who received him, to those who believed in his name, he gave the right to become children of God.

여러분은 예수님을 마음속에 영접했습니까?

Did you all receive Jesus in your heart?

여러분은 예수님을 하나님의 아들로 믿고 창조주로 믿고 있습니까? Do you believe that Jesus is the Son of God and the Creator God?

여러분은 하나님의 아들이 육체로 이 세상에 오신 것을 믿습니까? Do you believe that the Son of God came in the flesh into the world?

여러분은 육체로 오신 하나님의 아들이 예수님이라는 것을 믿습니까? Do you believe that the Son of God who came in the flesh is Jesus?

여러분은 예수님을 우리 죄를 대신해서 죽어주신 구세주로 믿고 있습니까? Do you believe that Jesus is the Savior God who died instead of us?

여러분은 예수님이 우리의 영생을 위해서 다시 살아나셨음을 믿습니까? Do you believe that Jesus was resurrected for our eternal life?

여러분은 하나님이 예수님을 가장 높은 곳에 높이신 것을 믿습니까? Do you believe that God the Father exalted Jesus to the highest place?

여러분은 예수님의 이름이 모든 이름 위에 뛰어난 이름임을 믿습니까? Do you believe that Jesus'name is the highest name above every name?

여러분은 모든 무릎이 예수의 이름 앞에 꿇어야 한다는 것을 믿습니까? Do you believe that every knee should bow at the name of Jesus?

이것을 믿는 사람들은 모두 하나님의 용서를 받고 하나님의 자녀가 되었습니다. Such believers became the children of God and they were forgiven by God.

죄로 하나님과 끊어졌던 관계가 회복되고 하나님과 함께 교제하게 됩니다. Then, they are recovered to have fellowship with God.

하나님께서 주시는 복과 영생을 누리며 살게 됩니다. And they

can live enjoying God's blessing and the eternal life.

그러므로 모든 사람은 하나님의 아들 예수 그리스도를 믿어야 합니다. Therefore everyone must believe in Jesus Christ, the Son of God.

나는 여러분에게 한 가지 더 질문하고 싶습니다.
I want to ask you one more thing.

여러분은 어디서 영원을 보내겠습니까?
Where will you spend your eternity?

우리 인생에서 세 가지 확실한 사실이 있습니다.
There are three sure and definite facts in our life.

첫째는, 우리는 언젠가 세상을 떠납니다.
First, someday we shall surely die.
둘째는, 우리는 언제 세상을 떠날지 모릅니다.
Second, we don't know the day when we die.
셋째는, 우리는 죽은 후 영원한 세계에 들어갑니다.
Third, after death, we shall go to one place where we

dwell forever.

여러분은 건강하고 행복하고 장수하기를 바라고 있을 것입니다.
You all wish to be healthy and happy.
And you wish to live for a long time.

그렇지만 내일 일을 모르는 것이 우리의 인생입니다.
But you don't know what will happen in a day.

만일, 하나님께서 오늘 밤에 여러분의 생명을 거두어 가신다면
여러분은 하나님께로 갈 수 있는 확신이 있습니까?
If you die tonight, are you sure you can go to God?

5. 이 확신이 없으면 여러분은 다시 결단해야 합니다.
   **If you don't have this confidence, now you have
   to decide that you believe in Jesus.**

죄 문제를 해결하지 않으면 이 땅에서 고통받으며 살다가 언
젠가는 죽습니다. If you don't solve the problem of your
sin, you live being afflicted in this world and some day
you will die.

죽음 후에 죄 때문에 심판받고 멸망 당하게 됩니다.
After death, you will be judged and punished by God.
죽음 후에 지옥의 불못에서 영원토록 괴로움을 당하게 됩니다.
After death, you will be tormented for eternity in the lake of fire.

저는 여러분 중에 예수님을 믿지 않고 있는 분에게 묻고 싶습니다. I would like to ask a question to someone who does not believe in Jesus.

여러분은 죄가 없으신가요? 하나도 없나요?
Do you have no sin? Not even one sin?

만일 죄가 조금이라도 있다고 생각하신다면 지금 예수님을 믿고 죄 용서함을 받아야 합니다. If you think that you have even a little sin, now you must believe in Jesus.

성경에서는 "의로운 사람은 없으며 하나도 없다."라고 말씀하고 있습니다. The scriptures declares, "there is no one righteous, not even one."

예수님을 믿어 죄 용서함을 받는다는 것은 하나님의 자녀가 된다는 뜻입니다. Being forgiven by believing in Jesus, means that you become a children of God.

하나님 자녀가 된다는 것은 하나님과 교제하면서 하나님의 복을 누릴 수 있다는 뜻입니다. Becoming a children of God means that you have fellowship with God.
Becoming a children of God means that you can enjoy God's blessing.

죄 용서함을 받고 하나님의 자녀가 된다는 것은 영생을 얻는다는 뜻입니다. Becoming a children of God means that you have the eternal life.

여러분은 하나님의 자녀입니까? 확실합니까?
Are you God's children? Surely?

이것을 확신한다면, 여러분은 영생을 소유하고 있습니다.
If you are sure of this, you have the eternal life.

만약 여러분이 "나는 하나님께로 갈 수 있을지 잘 모르겠다."라고 말한다면, 여러분은 지금 바로 예수 그리스도를 믿는다고 고백해야 합니다. If you answer "I don't know whether going to God or not", then you must confess to believe in Jesus Christ right now.

우리가 영생을 얻는다는 것은 지옥 형벌을 받지 않는다는 뜻입니다. Having eternal life means that we will not be punished eternally because of our sins.

이것은 하나님의 은혜이며 하나님의 은총입니다.
This is God's grace and God's blessing for us.

이런 것들은 도덕적인 행위나 선행으로 얻을 수 있는 것이 아닙니다. You can not get these blessing by doing good things and moral acts.

마음으로 수양하거나 종교에 의해서도 얻을 수 없습니다.
You can not get these blessing by cultivating your mind and any religion.

오직 예수님을 하나님의 아들, 구세주로 믿는 믿음으로 얻을 수 있습니다. You can get these blessing by only believing that Jesus is the Son of God and the Savior and the Christ.

이러한 은택은 하나님의 사랑과 은혜로 값없이 받을 수 있는 선물입니다. These grace and blessing are the gifts of God. You can get them freely and only by God's grace.

구원은 값없이 주는 선물이니까 지금 당장 받는 것이 좋습니다. Because redemption also is the gift, you must receive this gift right now.

하나님은 우리의 죄를 용서하기 위해 이곳에 오셨습니다. God came here and be with us to forgive our sin.

하나님의 선물을 거절하지 마세요. Don't refuse the gift of God.

지금 바로, 예수님을 마음속에 영접하시고 예수님을 믿으세요. Right now, receive Jesus in your heart. And believe in Jesus Christ as your Savior.

예수님을 하나님의 아들이며 여러분의 구주로 인정하고 믿으세요. Believe that Jesus is the Son of God, the Savior, the Christ and your Lord.

지금 죄 용서받고 구원받아 하나님께로 갈 수 있도록 결단해야 합니다. Now, you must decide to be forgiven and to be saved to go to God.

여러분이 예수님을 마음속에 영접하고 구주로 믿으면 구원을 받습니다. If you receive Jesus in your heart and believe in Jesus as your Savior, you will be forgiven by God and you will be saved from your sins.

예수님이 여러분의 죄를 용서하시려고 성령을 통해서 여기 오셨습니다. Now, Jesus Christ came here through the Holy Spirit to forgive your sins.

예수님이 여러분을 구원하시고 여러분과 교제하시기 위해서 지금 여기 계십니다. Now, Jesus came here to save you and to have fellowship with you.

지금, 예수님은 우리에게 다음과 같이 말씀하고 계십니다.

Now, Jesus says to us as follows.

마태복음 11:28 수고하고 무거운 짐 진 자들아 다 내게로 오라 내가 너희를 쉬게 하리라. Come to me, all you who are weary and burdened, and I will give you rest.

요한계시록 3:20 볼지어다. 내가 문 밖에 서서 두드리노니 누구든지 **내 음성을 듣고 문을 열면 내가 그에게로 들어가 그와 더불어 먹고 그는 나와 더불어 먹으리라.** Here I am! I stand at the door and knock. If anyone hears my voice and opens the door, I will come in and eat with him, and he with me.

지금은 여러분이 죄 용서받고 구원을 얻을 때입니다.

Now is the time of God's favor.

Now is the day of salvation.

여러분은 예수님을 마음에 영접하고 그 이름을 믿음으로 구원을 받을 수 있습니다.

Receive Jesus in your heart and believe in his name.

Then, you can be saved from your sins.

지금 입술로 예수님을 주님으로 시인하고 마음으로 믿으세요.
Now, confess with your mouth, "Jesus is my Lord."
And believe in Jesus with your heart.

그러면 여러분은 모든 죄와 모든 고통에서 구원받을 것입니다.
Then, you will be saved from sin and all your misery.

로마서 10장 9-10절을 읽어봅시다.
Let's read Romans 10:9-10.

로마서 10:9 네가 만일 네 입으로 **예수를 주로 시인하며** 또 하나님께서 그를 죽은 자 가운데서 살리신 것을 **네 마음에 믿으면 구원을 받으리라.** That if you confess with your mouth, "Jesus is Lord,"and believe in your heart that God raised him from the dead, you will be saved. **10.** 사람이 **마음으로 믿어 의에 이르고 입으로 시인하여 구원에 이르느니라.** For it is with your heart that you believe and are justified, and it is with your mouth that you confess and are saved.

마음으로 믿고 입술로 고백하세요. Believe in Jesus Christ with your heart and confess with your mouth also.

6. 영접하는 기도 Prayer for Receiving Jesus

지금 여러분 가운데 예수님을 믿기를 원하시는 분이 있을 것입니다. Now, among you, there are some persons that want to believe in Jesus.

예수님을 믿기 원하시는 분은 저를 따라서 기도해 주세요.
If you want to believe in Jesus, pray by following my prayer with your voice.

이미 믿음으로 구원받은 사람은 예수님을 다시 영접할 필요는 없습니다.
Among you, those who have been already saved by faith, do not need to receive Jesus Christ again.

왜냐하면, 예수님이 여러분 안에 계시기 때문입니다.
That is because Jesus is in you.

그러나 지금 여기에 예수님을 영접하기를 원하는 사람이 있습니다. However, there are some persons who want to receive Jesus now.

그러므로 그들을 위해서 내 기도를 따라서 함께 소리 내어 기도해 주세요. So please pray together for them with your voice according to my prayer.

모두 자리에서 일어서 주세요.
Everyone please stand up.

다 함께 눈을 감아 보겠습니다.
Let's close your eyes together.

내 기도를 따라서 기도해 주세요.
Let's pray by following my prayer.

하나님 아버지, 저는 죄인입니다.
Father God, I am a sinner.

그런데도 저는 지금까지 죄인인 줄 모르고 살았습니다.
But until now, I have not known that I am a sinner.

이제부터 예수님을 통해 내 죄를 용서받고 싶습니다.
From now on, I want to be forgiven through Jesus.

나는 예수님을 나의 주님으로 믿고 싶습니다.

I want to believe in Jesus as my Savior, my Lord.

예수님이 나 대신 죽어주셨으니 감사합니다.

Thank you that Jesus died instead of me.

예수님이 나를 위해 부활하셨으니 감사합니다.

Thank you that Jesus was resurrected for me.

나는 지금 내 마음의 문을 열고

Now, I open my heart.

예수님을 나의 구주로 영접합니다.

And I receive Jesus as my Savior.

예수님, 이제 내 마음에 들어와 주세요.

Jesus, please come into my heart.

그리고 영원토록 저와 함께 해주세요.

Please be with me forever.

예수님 이름으로 기도합니다. 아멘.

I pray in the name of Jesus Christ. Amen.

모두 저를 보시기 바랍니다.

Please sit down and look here.

하나님께서 여러분을 사랑하고 축복하십니다.

God love you. And God bless you.

7. 축하의 말 Words of Congratulation

여러분은 진정으로 예수님을 마음속으로 영접했습니다.

Now, you received and believed in Jesus in your heart.

그러므로 예수님은 이제부터 영원토록 여러분과 함께 계십니다.

Therefore, Jesus Christ is with you from now and forever.

이제 여러분은 누구입니까? Now, who are you?

예수님을 믿는 순간, 여러분에게는 많은 것이 달라집니다.

At the moment that you received Jesus, many things change in you.

여러분은 이제 예수님을 믿음으로써 죄를 다 용서받았습니다.
Now, you were forgiven from your sins because of believing in Jesus.

에베소서 1:7 우리는 그리스도 안에서 그의 은혜의 풍성함을 따라 그 **의 피로 말미암아 속량 곧 죄 사함을 받았느니라.** In him we have redemption through his blood, the forgiveness of sins, in accordance with the riches of God's grace.

예수님이 십자가 위에서 흘리신 피로 말미암아 여러분은 죄 용서함을 받았습니다. Through Jesus' blood on the cross, you have been redeemed in him.

여러분의 신분은 하나님의 자녀로 바뀌었습니다.
Your identity has been turned to the children of God.

요한복음 1:12 영접하는 자 곧 그 이름을 믿는 자들에게는 하나님의 자녀가 되는 권세를 주셨으니 Yet to all who received him, to those who believed in his name, he gave the right to become children of God.

하나님의 자녀는 아무나 되는 것이 아닙니다.

All men can not become the children of God.

예수님을 믿는 사람은 하나님의 자녀가 되는 권세를 가집니다. Only the one who received Jesus Christ and believed in the name of Jesus, has the right to become the children of God.

여러분은 이제 영생을 얻었으며 죄 때문에 형벌을 받지 않습니다. Now, you have eternal life and will not be punished because of your sin.

요한복음 5:24 내가 진실로 진실로 너희에게 이르노니 내 말을 듣고 또 나 보내신 이를 믿는 자는 **영생을 얻었고 심판에 이르지 아니하나니** 사망에서 생명으로 옮겼느니라. "I tell you the truth, whoever hears my word and believes him who sent me has eternal life and will not be condemned; he has crossed over from death to life."

예수님을 믿는 여러분은 죄 용서함을 받았습니다.
You believe in Jesus Christ.
So you were already forgiven by God.

죄로 인해서 불못에서 고통당하는 형벌을 받지 않습니다.
Therefore, you shall not be punished by God because
of your sins.

그리스도께서 여러분 삶 가운데에 들어오셔서 여러분과 영원토록 함께 하십니다. Jesus Christ came into your life and he lives with you forever.

요한계시록 3:20 볼지어다. 내가 문 밖에 서서 두드리노니 누구든지 내 음성을 듣고 문을 열면 **내가 그에게로 들어가 그와 더불어 먹고 그는 나와 더불어 먹으리라** Here I am! I stand at the door and knock. If anyone hears my voice and opens the door, I will come in and eat with him, and he with me.

고린도전서 3:16 너희는 너희가 하나님의 성전인 것과 **하나님의 성령이 너희 안에 계시는 것을 알지 못하느냐** Don't you know that you yourselves are God's temple and that God's Spirit lives in you?

예수님을 믿을 때 하나님께서 여러분 안에 들어오셔서 함께 하십니다. When you believe in Jesus, God comes into your life and He is with you.

여러분은 이제 새로운 사람이 되었습니다.

Now, you became a new man and a new creation.

고린도후서 5:17 그런즉 **누구든지 그리스도 안에 있으면 새로운 피조물**이라 이전 것은 지나갔으니 보라 새 것이 되었도다. Therefore, if anyone is in Christ, he is a new creation; the old has gone, the new has come!

예수님을 믿는 사람은 새사람이 되고 새로운 모습으로 살게 됩니다. Whoever believes in Jesus Christ, becomes to be a new man and to live a new life as a new self.

여러분의 생각도 달라지고 행동도 달라지고 비전과 삶의 목표도 달라집니다. Your thought shall be changed in the Holy Spirit. And your action, your vision, and your wishes shall be also changed.

이제 여러분은 예수님을 믿고 새사람이 되었습니다.
Now, you became a new man, new self who believes in Jesus Christ.

여러분을 축하합니다. I congratulate you.

8. 권면의 말씀 Word of Advice

우리는 복에 복을 받은 사람이며 은혜 위에 은혜를 입은 사람입니다. We all have received one blessing after another. We all have received grace for grace.

온 마음을 다하여 하나님을 찬양해야 합니다.
We must praise the Lord with all our heart!

하나님을 찬양합시다. 주 우리 하나님께 감사를 드립시다.
Praise the Lord! Give thanks to the Lord, our God!

하나님은 우리의 모든 죄를 멀리멀리 옮겨 놓으셨습니다.
God has removed all our sins, so far from us.

우리를 향하신 하나님의 복과 은혜를 잊지 말아야 합니다.
Don't forget all His blessing and His favor for us!

예수 그리스도는 우리를 대신하여 죽어주셨습니다.

Jesus Christ died as a ransom for us.

예수님은 자기의 죽음으로써 우리 죄를 대속해 주셨습니다.
Jesus redeemed us from our sins through his death.

우리의 구주 예수님을 찬양합시다.
Let's praise the Lord, our Savior, Jesus Christ.
예수님은 우리를 구원하셨습니다.
Jesus saved us through his death.

온 마음을 다해서 우리 주 하나님께 감사합시다.
Give thanks to the Lord our God with all our heart.

우리 주 하나님께 온 마음으로 찬양합시다. Praise the Lord
wholeheartedly, every day, every time, and even now!

이것을 위해서 우리는 하나님께 예배하고 찬양해야 합니다.
For this, we must worship and praise God.

하나님의 말씀을 듣고 말씀에 순종도 해야 합니다. We must
listen to the Word of God and obey God's Word.

하나님께 날마다 기도해야 합니다. We must pray to God.

또 성찬에 참여함으로써 우리는 우리를 구원하신 예수님의 은혜를 세상 끝날까지 기억해야 합니다. And by participating in the Communion Service, we must remember the grace of Jesus who saved us until the end of the world.

지금까지 저는 여러분에게 복음을 전했습니다.
Until now, I have preached the Gospel for you.

복음을 전하는 곳에 하나님께서 성령으로 함께 하십니다.
Wherever the Gospel is preached, God is present through the Holy Spirit.

또 하나님은 복음을 확증하기 위해서 이 자리에서 표적을 나타내십니다. God also shows signs in this place to confirm the Gospel.

오늘 하나님이 우리에게 나타내신 표적을 기대하시기 바랍니다.
Today please look forward to the signs that God has revealed among us.

9. 이제 여러분을 위해 기도하겠습니다.
Now I will pray for your blessing.

예수 그리스도의 이름으로 모든 어려움에서 자유하길 바랍니다. May you be free from troubles in the name of Jesus Christ.

예수 그리스도의 이름으로 모든 질병에서 치료받기를 바랍니다. May you be healed from all disease in the name of Jesus Christ.

예수 우리 왕, 우리 주님에 의해서 항상 복 받기를 바랍니다. May you be blessed fully at any time by Jesus, our King our Lord.

하나님의 복이 여러분 안에 있기를 축원합니다. May God's blessing be in you.

예수 그리스도의 이름으로. In the mighty name of Jesus.

아멘. Amen. 할렐루야! Hallelujah!

대속주 하나님, 우리 구주 예수 그리스도
The Redeemer God, our Savior Jesus Christ

1. 본 문 Main Text

요한복음 3:16 하나님이 세상을 이처럼 사랑하사 독생자를 주셨으니 이는 그를 믿는 자마다 멸망하지 않고 영생을 얻게 하려 하심이라. For God so loved the world that he gave his only begotten Son, that whoever believes in him shall not perish but have eternal life.

요한1서 4:10 사랑은 여기 있으니 우리가 하나님을 사랑한 것이 아니요, 하나님이 우리를 사랑하사 우리 죄를 속하기 위하여 화목 제물로 그 아들을 보내셨음이라. This is love: not that we loved God, but that he loved us and sent his Son as an atoning sacrifice for our sins.

갈라디아서 1:4 그리스도께서 하나님 곧 우리 아버지의 뜻을 따라 이 악한 세대에서 우리를 건지시려고 우리 죄를 대속하기 위하여 자기 몸을 주셨으니 Jesus Christ gave himself for our sins to rescue us from the present evil age, according to the will of our God and Father.

2. 제 목: 대속주 하나님 우리 구주 예수 그리스도
The Redeemer God, our Saviour Jesus Christ.

3. 들어가는 말 Beginning Word

모든 사람은 죄인으로 태어나서 하나님을 모르는 죄인으로 살고 있습니다. All men are born as sinners and live as sinners who do not know God.

죄인은 반드시 죄의 대가인 형벌을 받아야 합니다.
All sinners must pay the wages of sin, which is punishment.

사람은 자기 힘으로는 죄 문제를 해결할 수 없습니다.
Man can not solve the problem of his sins by himself.

왜냐하면, 사람은 죄인이기 때문에 스스로 죄 문제를 해결할 수 없습니다. Because man is a sinner, he can not solve his sins through his own efforts.

하나님은 자기 아들을 이 세상에 보내어 사람의 죄값을 대신 갚게 했습니다. God sent his One and Only Son into the world to pay for the wages of sinners.

왜냐하면, 하나님이 사람을 너무 사랑하셨기 때문입니다.
It is because God so loved all men, the sinners.

하나님께서 육체로 보내신 아들이 바로 예수 그리스도입니다.
The Son whom God sent with flesh is Jesus Christ.

예수 그리스도는 사람의 죄값을 갚기 위해서 자기가 대신 죽어주셨습니다. Jesus Christ died in our place to pay the wages for our sins.

그러므로 사람은 하나님의 아들인 예수 그리스도를 믿음으로 죄를 용서받을 수 있습니다.
Therefore, man can receive forgiveness of sins by believing in Jesus Christ, the Son of God.

이것은 사람의 죄를 용서하기 위한 하나님의 사랑입니다.
This is God's love to forgive the sin of the sinners.

죄인은 다른 것으로 죄 용서를 받을 수 없습니다. Anyone can not receive forgiveness of sins through anything else.

사람은 오직 예수 그리스도를 믿음으로 죄 용서를 받고 죄의 형벌에서 구원을 받을 수 있습니다. Only by believing in Jesus Christ men can receive forgiveness of sins and be saved from the punishment of sin.

왜냐하면, 예수 그리스도가 사람의 죄를 위해 자신이 대신 죽음으로 죄값을 갚으셨기 때문입니다.
Because Jesus Christ paid the wages for man's sin by dying on his own behalf.

오늘은 "대속주 하나님 우리 구주 예수 그리스도"란 제목으로 말씀을 준비했습니다. Today, I have prepared this sermon titled, "The Redeemer God, our Savior Jesus Christ."

오늘 말씀을 통해서 우리를 위해 대속해 주신 예수 그리스도를 더 잘 아는 시간이 되기를 바랍니다.
I hope that through today's message, we can come to know better Jesus Christ, who redeemed us.

4. 설교내용 Preaching Word

사람은 왜 하나님을 찾지 않습니까?
Why all men do not seek God?

그것은 죄인이기 때문에 하나님을 찾지 않는 것입니다.
It is that man does not seek God because he is a sinner.

죄 때문에 하나님과 분리되어 있어서 하나님을 찾지 못합니다.
The sinner is separated from God because of sin.
So man can not seek God.

왜 사람은 죄인이 되었습니까?
Why did all men become sinners?

창세기 2장 17절에서 하나님은 아담에게 명령하셨습니다.
In Genesis 2:17, God commanded Adam.

창세기 2장 17절을 읽어봅시다. Please read Genesis 2:17.

창세기 2:17 선악을 알게 하는 나무의 열매는 먹지 말라. 네가 먹는 날에는 반드시 죽으리라 하시니라. "You must not eat from the tree of the knowledge of good and evil, for when you eat from it you will certainly die."

그러나 아담은 선악과를 따먹고 죄인이 되었습니다.
But Adam ate from the tree of the knowledge of good
and evil. He committed a sin. He became a sinner.

우리는 이 한 가지 죄를 신학적인 용어로 원죄라고 말합니다.
We call this only one sin, the "Original Sin" in the theological
terms.

이 한 가지 죄 때문에 아담의 후손들은 다 죄인이 되었습니다.
Because of this only one sin, all the descendants became
sinners.

그래서 모든 사람은 이 죄 때문에 하나님과 원수가 되었습니다.
So, all men became the enemies of God because of Adam's
one sin.

모든 사람은 태어날 때부터 아담의 원죄 때문에 죄인으로 태어납
니다. Because of Adam's sin, everyone is born a sinner
from the time of birth.

그리고 죄 가운데서 살다가 마침내 죄로 죽고 영원한 형벌을 받습니다. And the sinner lives in his sin, and at last he will die in his sin. And he will receive eternal punishment at the Last Day by God.

성경은 말하기를 "의인은 없나니 하나도 없다."라고 말씀하고 있습니다. In Romans 3:10-12, God says to us, "There is no one righteous, not even one."

"스스로 깨닫는 자도 없고 스스로 하나님을 찾는 자도 없다."라고 말씀하고 있습니다. There is no one who understands, no one who seeks God, not even one.

죄인은 스스로 하나님을 알 수도 없고 더구나 선한 일을 행할 수도 없습니다. The sinner does not know God, by himself. Furthermore, there is no one who does good, not even one.

모든 죄인은 스스로 하나님을 찾을 수도 없고
깨닫지 못하며 스스로 선한 일을 행할 수도 없습니다.
All sinners can not seek God by themselves. They can

not understand and can not do good by themselves.

죄인들은 스스로 하나님을 믿을 수 없는 사람들입니다.
All sinners can not believe in God by themselves.

성경은 로마서 6장 23절에서 "죄의 삯은 사망"이라고 말합니다.
God says to us in Romans 6:23, "The wages of sin is death."

죄인은 죄로 인해 심판받아서 영벌을 받을 수밖에 없습니다.
All sinners are surely judged and punished because of sins.

따라서 하나님께서는 인간의 죄를 용서하시기 위해
하나님의 아들을 이 땅에 보내주셨습니다.
Therefore, God sent his only Begotten Son to this world for forgiveness of sins.

하나님은 그 아들을 통해 온 세상 사람들을 구원하기 원하십니다. God wants to save all men from sins through his Son, Jesus Christ.

이것이 모든 사람을 향한 하나님의 사랑입니다.

This is God's Love for all mankind.

하나님의 사랑은 어떤 사랑입니까?

Then, what kind of love is God's love?

하나님의 사랑은 무한하시고 끝이 없는 사랑입니다.

God's Love is the infinite and unfailing Love.

하나님의 사랑은 독생자 아들을 버리기까지 하신 무한한 사랑입니다. God's love is the infinite love that God gave away His Only Begotten Son for us.

요한복음 3장 16절을 읽어봅시다. Let's read John 3:16.

요한복음 3:16 하나님이 세상을 이처럼 사랑하사 독생자를 주셨으니 이는 그를 믿는 자마다 멸망하지 않고 영생을 얻게 하려 하심이라 God so loved the world that he gave his only begotten Son, that whoever believes in him shall not perish, but have eternal life.

하나님께서는 죄 때문에 하나님과 원수 된 사람들을 살리기 위해서 하나밖에 없는 아들을 대속 제물, 화목 제물로 보내 주셨습니다. God wants to save all sinners.
All sinners are enemies of God because of their sins.
So God sent His Only Begotten Son as a ransom sacrifice for peace with God.

이로써 하나님은 세상 사람들을 향한 하나님의 사랑을 확실하게 보여주셨습니다. By this, God clearly showed God's love for all people of the world.

따라서 본 절은 우리가 죄 용서함을 받고 구원받은 것이 하나님의 사랑으로 말미암은 하나님의 은혜라는 것을 알려 주고 있습니다. Therefore, this verse tells us that it is God's grace and God's love. By God's love, we are forgiven of our sins. And we are saved from our sins through Jesus Christ, the Son of God.

요한복음 3:16절과 같은 말씀이 요한일서 4:9~10절에도 있습니다. The same Word as John 3:16 is also written in 1John 4:9-10.

요한일서 4장 9~10절을 읽어 봅시다.

Let's read 1John 4:9-10.

요한1서 4:9 하나님의 사랑이 우리에게 이렇게 나타난바 되었으니 하나님이 자기의 독생자를 세상에 보내심은 그로 말미암아 우리를 살리려 하심이라. This is how God showed his love among us: He sent his only begotten Son into the world, that we might live through him. **10** 사랑은 여기 있으니 우리가 하나님을 사랑한 것이 아니요 하나님이 우리를 사랑하사 우리 죄를 속하기 위하여 화목제물로 그 아들을 보내셨음이라. This is love: not that we loved God, but that He loved us and sent His Son as an atoning sacrifice for our sins.

우리는 하나님의 아들이 우리 죄를 대속하기 위해 대속 제물로 오신 것을 기억해야 합니다. We must remember that the Son of God came as an atoning sacrifice for us.

하나님은 독생자를 우리에게 화목 제물로 보내시기까지 우리를 사랑하셨습니다.

God loved us so much. So, God sent his Only Begotten Son, as an atoning sacrifice for our sins.

하나님께서 하나밖에 없는 하나님의 아들을 보내주신 목적은 그를 믿는 자마다 멸망하지 않고 영생을 얻게 하려는 것입니다.
The reason why God gave His Only Begotten Son, was that whoever believes in the Son of God, shall not perish, but have eternal life.

하나밖에 없는 아들은 누구를 말하는 것입니까?
Who is this only Begotten Son?

요한복음 1:14절과 15절에서 이 독생자 아들이 바로 예수님이라고 말합니다. John 1:14 and 15 explained that this only Begotten Son is Jesus.

과거에 우리는 하나님을 알지 못한 채, 세상에 속하였던 사람들이었습니다. In the past, we had belonged to the world.

우리는 온갖 죄를 범하고 하나님을 반역하면서 살았던 사람들이었습니다. And we had betrayed God as sinners, because of not knowing God.

그래서 우리는 하나님의 원수였습니다.
So, we were God's enemies because of our sins.

그러함에도 불구하고, 하나님께서는 죄 가운데 있는 우리를 사랑하시고 긍휼히 여기셨습니다. Nevertheless, God had mercy on us who are the sinners.

그래서 예수님을 보내어 우리에게 구원받는 은혜를 주셨습니다. So, God sent his only Begotten Son to save us by his grace.

우리를 향한 하나님 사랑의 절정은 예수님의 십자가 죽음입니다. Jesus' death on the cross is the climax of God's Love.

하나님의 사랑은 자신의 하나밖에 없는 아들을 십자가에 내어주신 사랑이었습니다. God's Love was that he gave his Son to die on the cross for all sinners.

이것은 우리를 향하신 하나님의 무한하신 사랑입니다. This is God's unfailing Love towards us.

로마서 5:8절을 함께 읽어봅시다. Please read Romans 5:8.

로마서 5:8 우리가 아직 죄인 되었을 때에 그리스도께서 우리를 위하여 죽으심으로 하나님께서 우리에 대한 자기의 사랑을 확증하셨느니라. But God demonstrates his own love for us in this: While we were still sinners, Christ died for us.

우리가 죄인이었을 때 그리스도께서 우리를 위해 죽어주셨습니다. While we were still sinners, Christ died for us.

이것이 우리를 위한 하나님의 사랑입니다.
This is God's unfailing Love for us.

그러므로 우리는 하나님께서 우리를 얼마나 사랑하시는가를 깨달아 알아야 합니다. Therefore, we must understand, how much God loves us.

그 은혜를 기억하면서 하나님께 마음속 깊이 감사해야 합니다.
We must thank wholeheartedly to our Father God and our Lord Jesus by remembering God's Grace.

그러면, 예수님이 육체를 입고 오신 목적은 무엇인가요?
Then, what is the purpose of Jesus' coming with flesh?

요한복음 3장 17절과 18절을 읽어봅시다.
Please read John 3:17-18.

요한복음 3:17 하나님이 그 아들을 세상에 보내신 것은 세상을 심판하려 하심이 아니요. 그로 말미암아 세상이 구원을 받게 하려 하심이라. For God sent his Son into the world not to condemn the world, but to save the world through him. **18** 그를 믿는 자는 심판을 받지 아니하는 것이요 믿지 아니하는 자는 하나님의 독생자의 이름을 믿지 아니하므로 벌써 심판을 받은 것이니라. Whoever believes in him is not condemned, but whoever does not believe, is condemned already, because he has not believed in the name of the only begotten Son of God.

하나님께서 독생자 예수님을 육체로 세상에 보내셨습니다.
God sent His Son in the flesh into the world.
그것은 세상을 심판하기 위한 것이 아니라 구원하기 위한 것이었습니다. It was not to condemn the world, but to save the world through him.

하나님의 아들인 예수님의 사역은 무엇입니까?
What is the mission of Jesus, the Son of God?

하나님의 아들 예수 그리스도의 사역은 사람에게 구원을 받게 하는 것입니다. That is making all men be saved from their sins and the judgment of God.

요한일서 2:2절과 요한일서 4:10절을 읽어봅시다.
Let's read together 1John 2:2 and 4:10.

요한1서 2:2 그는 우리 죄를 위한 화목 제물이니 우리만 위할 뿐 아니요 온 세상의 죄를 위하심이라. He is the atoning sacrifice for our sins, and not only for ours but also for the sins of the whole world.

요한1서 4:10 사랑은 여기 있으니 우리가 하나님을 사랑한 것이 아니요 **하나님이 우리를 사랑하사 우리 죄를 속하기 위하여 화목 제물로 그 아들을 보내셨음이라.** This is love: not that we loved God, but that He loved us and sent His Son as an atoning sacrifice for our sins.

하나님이 우리를 사랑하사 우리 죄를 속하기 위해 속죄 제물로 그 아들을 보내셨습니다. God loved us and sent His Son as an atoning sacrifice for our sins.

예수님은 우리를 대속하기 위해 화목 제물로 세상에 오셨습니다. Jesus came into the world as a peace offering to redeem our sins.

그는 우리를 위해 화목 제물로 피 흘려 죽어주셨습니다.
He shed His Blood and died as a peace offering for us.

예수 그리스도께서 우리를 위해 육체로 태어나시고, 십자가에서 고통당하고 죽어주셨습니다.
Jesus was born in the flesh for us.
Jesus suffered and died on the cross.
그리고 예수님은 장사한 지 사흘 만에 부활하셨습니다.
And Jesus was raised on the third day, since he was buried.

로마서 5장 10절을 읽어봅시다. Please read Romans 5:10.

로마서 5:10 곧 우리가 원수 되었을 때에 그**의 아들의 죽으심으로 말미암아 하나님과 화목하게 되었은즉** 화목하게 된 자로서는 더욱 그의 살아나심으로 말미암아 구원을 받을 것이니라. For if, when we were God's enemies, we were reconciled to him through the death of his Son, how much more, having been reconciled, shall we be saved through his life!

우리는 죄 때문에 하나님과 원수였습니다.
We had been God's enemies because of our sin.

그러나 우리는 그 아들의 죽으심으로 말미암아 하나님과 화목하게 되었습니다. We were reconciled to God through the death of his Son.

우리는 그 아들을 믿음으로 말미암아 우리의 죄에서 구원받았습니다. We were saved from our sins through the death of God's Son.

그러므로 누구든지 그를 믿는 자는 멸망하지 않고 영생을 얻습니다. So, whoever believes in Jesus, shall not perish, but have eternal life.

하나님의 아들, 예수님은 육체로 오셔서 무엇을 하셨나요?
What did Jesus do, when he came in the flesh?

하나님은 우리 죄를 대속하기 위해 대속 제물로 그 아들을 보내주셨습니다. God sent His Only Begotten Son as an atoning sacrifice for our sins.

그 아들은 우리를 위해 우리 대신에 대속물로 죽어주셨습니다.
And God's Son, Jesus died as a ransom for us.

갈라디아서 1:4절을 읽어봅시다. Please read Galatians 1:4.

갈라디아서 1:4 그리스도께서 하나님 곧 우리 아버지의 뜻을 따라 이 악한 세대에서 우리를 건지시려고 **우리 죄를 대속하기 위하여 자기 몸을 주셨으니** Jesus Christ gave himself for our sins to rescue us from the present evil age, according to the will of our God and Father.

"그리스도께서 이 악한 세대에서 우리를 건지시려고
우리 죄를 대속하기 위하여 자기 몸을 주셨으니"
"Jesus Christ gave himself for our sins to rescue us."

마가복음 10:45절에서 예수님은 자신이 오신 목적을 말씀하셨습니다. In Mark 10:45, Jesus said himself the purpose of his coming.

마가복음 10장 45절을 읽어봅시다. Let's read Mark 10:45.

마가복음 10:45 인자가 온 것은 섬김을 받으려 함이 아니라 도리어 섬기려 하고 **자기 목숨을 많은 사람의 대속물로 주려 함이니라.** "For even the Son of Man did not come to be served, but to serve, and to give his life as a ransom for many."

예수님은 왜 이 세상에 육체로 오셨습니까?
Why did Jesus come in the flesh into the world?

예수님은 모든 사람을 위한 대속물로 자기 생명을 주기 위해 오셨습니다. Jesus came into the world to give his life as a ransom for many.

하나님의 아들, 예수님이 우리 죄를 위해 대속물이 되기 위해 육체로 오셨습니다. Jesus, the Son of God, came in the flesh to be the ransom for us.

하나님의 아들, 예수님은 속죄 제물로 죽기 위해 오셨습니다. Jesus, the Son of God, came to die as an atoning sacrifice.

실제로 예수님은 우리를 위해 십자가에서 피 흘려 죽어주셨으니다. In fact, Jesus shed his blood and died on the cross for us.

예수님은 피 흘려 죽어주심으로써 육체로 오신 목적을 다 이루신 것입니다. By his shedding blood and his death, Jesus fulfilled the purpose of coming in the flesh.

예수님은 십자가에서 피 흘려 죽어주시면서 "다 이루었다."라고 말씀하셨습니다. When Jesus bled to death on the cross, he said that it is finished.

속죄 제물이 되기 위해 오셨으니까 속죄 제물로 죽어주셨다는 말씀입니다. It means that he died as an atoning sacrifice, because he came to be an atoning sacrifice.

예수님이 우리 죄를 대신해서 속죄 제물로 죽어주셨습니다. Jesus died as an atoning sacrifice for our sins.

그러므로 누구든지 예수님을 떠나서는 구원받을 수 없습니다. Therefore, everyone can not be saved, apart from Jesus.

구원은 오직 예수 그리스도를 믿음으로 얻을 수 있습니다.
Everyone can be saved only by believing in Jesus
Christ.

오직 예수님을 믿음으로! Only by believing in Jesus christ!

사도행전 4:12절을 읽어봅시다. Let's read Acts 4:12.

사도행전 4:12 다른 이로써는 구원을 받을 수 없나니 천하 사람 중에 구
원을 받을 만한 다른 이름을 우리에게 주신 일이 없음이라 하였더라.
"Salvation is found in no one else, for there is no other name
under heaven, given among men. We must be saved by the
name of Jesus."

모든 사람은 예수님의 이름으로 구원받습니다.
Everyone must be saved by the name of Jesus.

예수님께서 오신 목적은 세상 모든 사람을 구원하는 데에 있는
것입니다. The purpose that Jesus came into the world, is
to save all men in this world.

여러분, 저는 지금 복음을 전하고 있습니다. Dear brothers and sisters, now I am preaching the Gospel.

복음을 듣고 믿는 사람은 구원을 받습니다. Those who hear the Gospel and believe in Jesus Christ are surely saved.

그러나 예수님을 영접하지 않고 믿지 않는 사람은 심판받습니다. But those who do not receive and not believe in Jesus Christ will be surely condemned and punished forever.

누구든지 예수님을 믿는 사람은 믿는 순간부터 구원의 기쁨과 영원한 생명을 누립니다. Whoever believes in Jesus Christ, enjoys the pleasure of salvation. And whoever believes in Jesus Christ, enjoys the eternal life.

우리는 모두 예수 그리스도를 믿습니다. 그렇지요?
We all believe in Jesus Christ. That's right?

그러면 우리는 이 세상에서 육체의 삶이 끝나면 영원한 하나님 나라에서 영원토록 주님과 함께 살게 되는 것입니다.

Then, after death, we will live with God forever in God's kingdom.

그러나 예수님을 믿지 않는 사람은 죄를 용서받을 수 있는 길을 거부했기 때문에 구원의 기회를 놓치는 것입니다.
But those who do not believe in Jesus Christ lose the opportunity for salvation because they rejected the opportunity of God's forgiveness.

그러므로 그들은 이 세상에서 정죄 받고 결국 영원한 형벌을 받게 됩니다.
Therefore, they are condemned in this world. And after death, they will be punished forever in the end.

사람은 누구나 죽은 후에 가야 할 두 가지의 길이 있습니다.
After death, there are two ways where we go.

하나는 구원을 통한 영생의 길이며, The one is the way of eternal life through Jesus' redemption.
또 하나는 하나님의 심판을 통한 영벌의 길입니다.
And the other is the way of eternal punishment through

God's judgment.

우리가 가는 길은 하나님의 아들, 예수 그리스도를 믿는 믿음으로 결정됩니다.
These two ways will be decided, according to believing in Jesus Christ.

예수님을 믿으면 구원을 통해 영생의 길을 갑니다. If we believe in Jesus, we can go to the way of eternal life.
믿지 않으면 심판을 통해 멸망의 길, 영벌의 길로 갑니다.
If we don't believe in Jesus, we will go to the way of eternal punishment.

마태복음 25:46절을 읽어봅시다. Let's read Matthew 25:46.

마태복음 25:46 그들은 영벌에, 의인들은 영생에 들어가리라 하시니라. "Then they will go away to eternal punishment, but the righteous to eternal life."

오직 예수님을 통해서만 우리는 형벌 받지 않고 영생을 얻을 수 있습니다. Only through Jesus Christ, we are not punished, but have the eternal life.

요한복음 14:6절을 읽어봅시다. Let's read John 14:6.

요한복음 14:6 예수께서 이르시되 내가 곧 길이요 진리요 생명이니 나로 말미암지 않고는 아버지께로 올 자가 없느니라. Jesus answered, "I am the way and the truth and the life. No one comes to the Father except through me."

"나로 말미암지 않고는 아무도 아버지께로 올 자가 없느니라."
"No one comes to the Father except through me."

과거에 우리는 모두 죄인이었습니다.
In the past time, we all were sinners.
그래서 우리는 모두 심판을 받아야만 했었습니다.
So we had to be punished.

그러나 우리는 예수 그리스도를 통하여 하나님에 의해 용서를 받았습니다. But we were forgiven by God, through Jesus Christ.

우리는 예수 그리스도를 믿음으로 정죄를 받지 않고 죄를 용서 받았습니다. So, we are not condemned and be saved by believing in Jesus Christ.

우리는 하나님의 생명책에 기록되어 있습니다.
And our name is written in the book of life.

우리는 영생을 가졌으며 심판을 받지 않습니다.
We had the eternal life.
We will not be judged at the Last Day.

이것은 하나님의 은혜이며 값없이 주시는 하나님의 선물입니다.
This is God's grace and God's gift, given freely to us.

하나님은 에베소서 2:8절에서 바울을 통해 말씀하고 있습니다.
It is written in the Scripture by Paul in Ephesians 2:8.

에베소서 2:8절을 읽어봅시다. Let's read Ephesians 2:8.

에베소서 2:8 너희는 **그 은혜에 의하여 믿음으로 말미암아 구원을 받았으 니** 이것은 너희에게서 난 것이 아니요 **하나님의 선물이라**. It is by grace you have been saved through faith, and this not from yourselves. It is the gift of God.

믿음과 구원은 하나님의 은혜로부터 옵니다.
Faith and salvation come from God's grace.

우리는 하나님의 은혜로 믿게 되었고, 그 믿음으로 구원을 받은 사람입니다.
And we have been saved through our faith in Jesus Christ. It is the gift of God by God's grace.

이것은 우리를 향한 하나님의 사랑입니다.
This is God's unfailing love for us.

여러분은 영원한 생명의 길로 가고 있습니까?
Are you on the way of the eternal life?
아니면 영원한 형벌의 길로 가고 있습니까?
Are you on the way of the eternal punishment?

이것은 순전히 여러분의 **믿음의 결단**에 달려 있습니다.
This depends on your decision of faith in Jesus Christ.

5. 이제 말씀을 정리하겠습니다.

Now I am going to conclude today's Word.

여러분은 예수 그리스도를 믿고 있습니까?

Are you believing in Jesus Christ?

만약 믿지 않는다면 예수 그리스도를 확실하게 믿어야 합니다.

If you don't believe until now, you must surely believe in Jesus Christ.

예수님은 하나님의 아들이며 그리스도입니다.

It is because Jesus is the Son of God and the Christ.

예수님은 우리를 위해 자기 목숨을 대속물로 주셨습니다.

Jesus gave his life as a ransom for us.

예수님은 우리를 위해 죽어주신 대속주 하나님입니다.

Jesus is the redeemer God who died for us.

예수님은 우리의 주님이시며 우리의 왕이십니다.

Jesus is our Lord and our King.

여러분은 이것을 고백하면서 예수 그리스도를 믿어야 합니다.
You have to confess this and believe in Jesus Christ.

사람은 모두가 죄인이며 죄인은 형벌을 받아야 합니다.
All men are sinners.
And sinners must be punished because of their sins.

그러나 예수님은 죽기까지 우리를 사랑하십니다.
But Jesus loves us even to death.

예수님은 우리를 위해 우리 대신에 죽어주셨습니다.
Jesus gave his life for us. He died instead of us.

그러므로 우리는 우리의 죄 때문에 형벌 받을 필요가 없습니다.
Therefore we don't need to be punished for our sins.

예수님은 죽음에서 부활하셨습니다.
Jesus was resurrected from the dead.

예수님은 왕 중의 왕이십니다.
Jesus is the King of all kings.

예수님은 우리의 왕이십니다.
Jesus is our King.

예수님은 모든 것의 주인이십니다.
Jesus is the Lord of all things.

예수님은 우리의 주인이십니다.
Jesus is our Lord.

예수님은 우리 모두를 창조하신 창조주 하나님입니다.
Jesus is the Creator God who created all of us.

예수님은 우리 죄를 위해 죽어주신 대속주 하나님입니다.
Jesus is the Redeemer God who died for our sins.

6. 저는 여러분을 우리 주인이신 예수님께로 초청합니다.
I would like to invite you to our Lord, Jesus.

여러분 중에 자신의 인생을 예수님께 맡기고 싶은 분 있습니까?
Among you, is there anyone who would like to entrust your life to Jesus?

예수님만이 여러분에게 평안과 영생을 주실 수 있습니다.
Jesus alone can give you full peace and eternal life.

여러분 중에 예수 그리스도를 믿기 원하는 분 있습니까?
Is there anyone who wants to believe in Jesus Christ?

누가 예수님에게 여러분 자신을 맡기고 싶으신가요?
Who wants to entrust yourself to Jesus Christ?

여러분 중에 예수님과 동행하길 원하시는 분 있으신가요?
Among you, who wants to walk with Jesus Christ?

그러면 여러분은 예수 그리스도를 마음속에 영접해야 합니다.
Then you must receive Jesus Christ in your heart.

만약 여러분이 원하시면 제 기도를 따라 기도해 주세요.
If you want to receive Jesus, please pray by following my prayer.

여러분 가운데 이미 예수 그리스도를 믿어서 구원받은 사람들은 또다시 예수님을 영접하는 기도를 할 필요는 없습니다.

Among you those who have already believed in Jesus Christ, do not need to pray to receive Jesus again.

왜냐하면, 여러분 안에는 예수님이 계시기 때문입니다.
Because Jesus is in you who have been already saved.

그러나 지금 이곳에 예수 그리스도를 영접하기를 원하는 사람이 있습니다. However there are some persons who want to receive Jesus now.

그러므로 그들을 위해서 내 기도를 따라서 함께 소리 내어 기도해 주세요. So, please pray together for them with your voice according to my prayer.

다 함께 저의 기도를 따라서 기도합시다.
Let's pray all together by following my prayer.

예수님, 저를 용서해 주세요. 저의 죄를 용서해 주세요.
Jesus, Forgive me. Forgive my sins.
예수님의 보혈로 저를 씻어주세요.
Wash me with your precious blood.

예수님, 저는 지금 예수님을 믿습니다.

Jesus. Now I believe in you.

저는 지금 예수님을 내 마음속에 영접합니다.

Now I invite you into my heart.

저의 모든 삶을 예수님에게 맡깁니다.

I entrust my whole life to you.

예수님, 예수님은 저의 왕입니다.

Jesus. You are my King.

예수님은 저의 주인입니다.

You are my Lord.

예수님, 제 안에 들어와 주세요.

Jesus, Now, please come into me.

저와 영원토록 함께 해 주세요.

Please be with me forever.

예수님의 이름으로 기도합니다. 아멘.

I pray in the name of Jesus Christ. Amen.

7. 이제 여러분을 위해 축도하겠습니다.
Now I will pray for your blessing.

하나님은 지금 우리 가운데, 바로 이곳에 계십니다.
God is here in our midst and in this place.

성령께서 우리를 치료하기 위하여 여기에 운행하고 계십니다.
The Holy Spirit is moving here to touch and heal you.

예수 그리스도의 이름으로 모든 어려움에서 자유하기 바랍니다.
May you be free from all troubles in the name of Jesus Christ.

예수 그리스도의 이름으로 질병에서 치료받기를 축원합니다.
May you be healed from all disease in the name of Jesus Christ.

하나님께서 여러분의 인생에 복 주시기를 축원합니다.
May God bless in your life.

하나님께서 여러분의 건강에 복 주시기를 축원합니다.

May God bless in your health.

하나님께서 여러분의 재정에 복 주시기를 축원합니다.
May God bless in your finance.

하나님께서 여러분의 가정에 복 주시기를 축원합니다.
May God bless in your family.

하나님께서 여러분의 자녀들에게 복 주시기를 축원합니다.
May God bless in your children.

전능하신 예수 그리스도의 이름으로!
In the mighty name of Jesus Christ!
전능하신 우리 주 예수 그리스도의 이름으로!
In the mighty name of our Lord, Jesus Christ!

하나님의 복이 여러분 안에 있기를 축원합니다.
May God's blessing be in you.

여러분의 영혼이 잘 되기를 축원합니다.
May your soul be getting along well.

여러분의 건강을 즐기기를 축원합니다.
May you enjoy good health.

여러분에게 범사에 잘 되기를 축원합니다.
May everything go well with you.

이제 여러분은 예수 그리스도를 믿음으로 하나님의 자녀가 되었습니다.
Now you became the children of God by believing in Jesus Christ.

언제 어느 때나 어디서나 여러분에게 복이 충만하기를 예수님의 이름으로 축원합니다.
May you be blessed fully at any time at any place in the name of Jesus Christ.

하나님의 은혜와 평강이 여러분에게 있기를 축원합니다.
May God's grace and peace be in you.

하나님은 여러분과 여러분 가족에게 복 주십니다. 아멘.
God bless you and your family. Amen.

모든 사람이 죄를 범하였으매

하나님의 영광에 이르지 못하더니

그리스도 예수 안에 있는 속량으로 말미암아

하나님의 은혜로

값 없이 의롭다 하심을 얻은 자 되었느니라.

(로마서 3:23~24)

하나님이 세상을 이처럼 사랑하사 독생자를 주셨으니

이는 그를 믿는 자마다

멸망하지 않고 영생을 얻게 하려 하심이라.

(요한복음 3:16)

그리스도께서 하나님 곧 우리 아버지의 뜻을 따라

이 악한 세대에서 우리를 건지시려고

우리 죄를 대속하기 위하여 자기 몸을 주셨으니

(갈라디아서 1:4)

그는 우리 죄를 위한 화목 제물이니

우리만 위할 뿐 아니요 온 세상의 죄를 위하심이라.

(요한1서 2:2)

창조주 하나님, 우리 왕 예수 그리스도
The Creator God, our King Jesus Christ

1. 본 문 Main Text

요한복음 1:1 태초에 말씀이 계시니라 이 말씀이 하나님과 함께 계셨으니 **이 말씀은 곧 하나님이시니라.** In the beginning was the Word, and the Word was with God, and the Word was God. **2** 그가 태초에 하나님과 함께 계셨고 He was with God in the beginning. **3 만물이 그로 말미암아 지은 바 되었으니** 지은 것이 하나도 그가 없이는 된 것이 없느니라. Through him all things were made; without him nothing was made that has been made. **10** 그가 세상에 계셨으며 **세상은 그로 말미암아 지은 바 되었으되** 세상이 그를 알지 못하였고 He was in the world, and though the world was made through him, the world did not recognize him. **14 말씀이 육신이 되어** 우리 가운데 거하시매 우리가 그의 영광을 보니 아버지의 **독생자의** 영광이요 **은혜와 진리가 충만하더라.** The Word became flesh and made his dwelling among us. We have seen his glory, the glory of the One and Only, who came from the Father, full of grace and truth. **15:** 요한이 그에 대하여 증언하여 외쳐 이르되 내가 전에 말하기를 **내 뒤에 오시는 이가** 나보다 앞선 것은 **나보다 먼저 계심이라** 한 것이 이 사람을 가리킴이라 하니라. John testifies concerning him. He cries out, saying, This was he of whom I said, "He who comes after me has surpassed me because he was before me."

골로새서 1:15 그는 보이지 아니하는 **하나님의 형상**이시요 모든 피조물보다 **먼저 나신 이시니** The Son is the image of the invisible God, the firstborn over all creation. **16 만물이 그에게서 창조되되** 하늘과 땅에서 보이는 것들과 보이지 않는 것들과 혹은 왕권들이나 주권들이나 통치자들이나 권세들이나 **만물이 다 그로 말미암고** 그를 위하여 창조되었고 For in him all things were created: things in heaven and on earth, visible and invisible, whether thrones or powers or rulers or authorities; all things have been created through him and for him. **17 또한 그가 만물보다 먼저 계시고** 만물이 그 안에 함께 섰느니라. He is before all things, and in him all things hold together.

2. 제 목: 창조주 하나님, 우리 왕 예수 그리스도
The Creator God, our King Jesus Christ

3. 들어가는 말 Beginning Word

지금부터 저는 여러분들을 위해서 복음을 전하려고 합니다.
Now I am going to preach the Gospel for you.

무엇이 복음입니까? What is the Gospel?

여러분은 복음이 무엇인지 알고 있습니까?
Do you know what is the Gospel?

복음은 한 마디로 예수 그리스도입니다. (로마서 1:2~4)
The Gospel is Jesus Christ in one word.

따라서 오늘 말씀의 주제는 예수 그리스도입니다.
Therefore, the subject of today's Word is Jesus Christ.

여러분은 예수 그리스도가 누구라고 생각하고 있습니까?
Who do you think Jesus Christ is?

마리아의 몸에서 태어난 아기 예수라고만 생각하고 있습니까?
Are you thinking of only the pretty baby Jesus, born from Mary's body?
십자가에 달려 고통당하신 불쌍한 분으로 생각하고 있습니까?
Do you think of only the poor person who was suffered on the cross?
우리를 구원하기 위해 죽어주신 좋은 분이라고만 생각하고 있습니까? Do you think of only a good man who died for us?

우리는 모두 예수님을 믿고 있습니다. 그렇지요?
We all believe in Jesus Christ. Is that right?

그러면, 예수는 누구입니까? Then, who is Jesus?

오늘 본문 말씀은 요한복음 1:1-3, 10, 14, 15절, 그리고 골로새서 1:15-17절입니다. Today's main text is John 1:1-3, 10, 14~15, and Colossians 1:15-17.

본문은 "예수 그리스도가 누구이시며 어떤 분이신가?"를 설명하고 있습니다. This main text explains "who Jesus is"and "what Jesus is."

오늘의 말씀을 통해서 예수님에 대해서 더 확실하게 알게 되기를 바랍니다. I hope you to know Jesus more accurately through today's message.

하나님은 지금 여기 우리 가운데 계십니다.
God is here now in our midst.
하나님은 지금 여기 이 교회에 계십니다.
God is here now in this assembly.

하나님의 복을 받으시기를 축복합니다.

May you be blessed by God.

빛 되신 예수 그리스도에 의해 질병이 치유되기를 축원합니다.

May you be healed by the light of Jesus Christ.

4. 설교내용 Preaching Word

무엇보다 먼저, 요한복음 1장 1-3절을 함께 읽어봅시다.

First of all, let's read all together John Gospel 1:1~3.

요한복음 1:1 태초에 말씀이 계시니라. 이 말씀이 하나님과 함께 계셨으니 **이 말씀은 곧 하나님이시니라.** In the beginning was the Word, and the Word was with God, and the Word was God. **2** 그가 태초에 **하나님과 함께 계셨고** He was with God in the beginning. **3 만물이 그로 말미암아 지은 바 되었으니** 지은 것이 하나도 그가 없이는 된 것이 없느니라. Through him, all things were made; without him nothing was made that has been made.

다음은 오늘의 주제를 이해하기 위해서 10절, 14절과 15절도 읽어봅시다. And read also verse 10, 14 and 15 to understand better today's subject.

요한복음 1:10 그가 세상에 계셨으며 **세상은 그로 말미암아 지은 바 되었으되** 세상이 그를 알지 못하였고 He was in the world, and though the world was made through him, the world did not recognize him. **14 말씀이 육신이 되어** 우리 가운데 거하시매 우리가 그의 영광을 보니 아버지의 **독생자의 영광이요 은혜와 진리가 충만하더라.** The Word became flesh and made his dwelling among us. We have seen his glory, the glory of the One and Only, who came from the Father, full of grace and truth. **15** 요한이 그에 대하여 증언하여 외쳐 이르되 내가 전에 말하기를 **내 뒤에 오시는 이가** 나보다 앞선 것은 **나보다 먼저 계심이라** 한 것이 이 사람을 가리킴이라 하니라. John testifies concerning him. He cries out, saying, This was he of whom I said, "He who comes after me, has surpassed me because he was before me."

오늘 말씀의 주제는 창세 전부터 계신 창조주 하나님 우리 왕 예수 그리스도입니다. The subject of today's message is our King Jesus Christ, the Creator God who existed before the world began.

예수 그리스도는 창세 전부터 계신 하나님의 아들이며 창조주 하나님입니다. Jesus Christ is the Creator God who existed before the world began. Jesus Christ is the Son of God who has existed from eternity.

요한복음의 저자 사도 요한은 어떤 말로 그의 복음서를 시작하고 있습니까? With which word, does apostle John start John Gospel?

"태초에 말씀이 계시니라." 이 말씀으로 요한복음을 시작하고 있습니다. In the book of John, apostle John starts with the word **"In the beginning was the Word,"**

사도 요한은 요한복음을 시작하면서 **예수 그리스도를 하나님**으로 선언하고 있습니다. Apostle John declares that **Jesus is God** with the starting word of John Gospel.

"태초에 말씀이 계시니라."
"In the beginning was the Word."

이 말씀이 어떻게 하나님을 선언하는 말씀입니까? How can we know that this Word declares "Jesus is God."?

먼저 창세기 1:1절과 요한복음 1:1절을 함께 읽어봅시다.
First of all, Let's read Genesis 1:1 and John 1:1.

창세기 1:1 "태초에 하나님이 천지를 창조하시니라."
"**In the beginning** God created the heavens and the earth."

요한복음 1:1 "태초에 말씀이 계시니라."
"**In the beginning** was the Word."

영어 성경에는 창세기 1:1절에서 "**In the beginning**"으로 시작하고 있고 요한복음 1:1절에서도 "**In the beginning**"으로 시작하고 있습니다. In the English Bible, Genesis 1:1 starts with the word "In the beginning". And John Gospel 1:1 also starts with the word "In the beginning".

그러나 영어 성경에서는 모두 "In the beginning"이라는 표현을 사용했지만, 원어 성경에서는 서로 다른 용어를 사용하고 있습니다. All the English Bible expresses the word "in the beginning". But in the Original Bible, the word "in the beginning"are different meaning from each other between Genesis and John Gospel.

다시 말하자면, 요한복음의 태초는 창세기의 태초와 그 의미가 다릅니다. Speaking again, "in the beginning"of John Gospel is different meaning from that of Genesis.

창세기에서 표현한 태초는 "베레쉬트"라는 말을 사용하고 있습니다. "In the beginning"of Genesis uses the word "Bereshit" in the Hebrew language.

"베레쉬트"는 우주의 시작, "시간과 공간의 처음"을 뜻합니다.
"Bereshit"means "starting time"of the universe.
That is, it means the beginning of "time and space".

영어로 표현하자면, "In the beginning of the world"라는 뜻입니다. In English, "Bereshit"means "In the beginning of the world".

그러므로 창세기의 태초는 세상이 시작할 때를 가리킵니다.
Therefore "In the beginning" in Genesis 1:1 means "when the world began".

그러나 요한복음에서 표현한 태초는 "아르케"라는 단어를 사용하고 있습니다. But "In the beginning" of John Gospel uses the word "Arke" in the Hellenic Language.

"아르케"는 "만물의 창조 이전"을 가리키는 말입니다. "Arke" means "before all things were created".

영어로 표현하자면, "from eternity", "before the world began"이라는 뜻입니다. "Arke" means "Before the world began", or "from eternity" in English.

그러므로 요한복음 1:1절의 말씀은 다음과 같이 번역될 수 있습니다. Therefore, **"In the beginning was the Word"** of John 1:1 can be interpreted as follows.

"세상을 창조하기 전, 곧 영원 전부터 이미 말씀이 계셔왔다."는 것입니다. It is that the Word has already existed before God created the world.

요한복음에서 "태초"라는 말은 "천지가 창조되기 전"을 가리킵니다. **"In the beginning"** of John Gospel means **"before the world was created"**.

따라서 하나님은 영원 전부터 살아 계시던 분입니다.

Therefore, God is the One who has existed, since before all eternity.

하나님 외에는 아무것도 없었던 때에 이미 말씀이 계셨습니다.

When nothing existed except God, there was the Word.

그런데 그 말씀이 바로 하나님의 아들, 그리스도라는 것입니다.

By the way, John Gospel says that the Word is the Christ, the Son of God.

요한복음 1:1절, 3절, 10절, 14절과 15절을 다시 읽어봅시다.

Let's read again chapter 1 verse 1~3, 10 and 14, 15.

1절: 태초에 말씀이 계시니라 이 말씀이 하나님과 함께 계셨으니 **이 말씀은 곧 하나님이시니라.** In the beginning was the Word, and the Word was with God, and the Word was God. **2절:** 그가 태초에 **하나님과 함께 계셨고** He was with God in the beginning. **3절 만물이 그로 말미암아 지은 바 되었으니** 지은 것이 하나도 그가 없이는 된 것이 없느니라. Through him all things were made; without him nothing was made that has been made.

10절: 그가 세상에 계셨으며 **세상은 그로 말미암아 지은 바 되었으되** 세상이 그를 알지 못하였고 He was in the world, and though the world was made through him, the world did not recognize him. **14절:** **말씀이 육신이 되어 우리 가운데 거하시매** 우리가 그의 영광을 보니 **아버지의 독생자**의 영광이요 은혜와 진리가 충만하더라. The Word became flesh and made his dwelling among us. We have seen his glory, the glory of the One and Only, who came from the Father, full of grace and truth. **15절:** 요한이 그에 대하여 증언하여 외쳐 이르되 내가 전에 말하기를 **내 뒤에 오시는 이가** 나보다 앞선 것은 **나보다 먼저 계심이라** 한 것이 이 사람을 가리킴이라 하니라. John testifies concerning him. He cries out, saying, "This was he of whom I said, He who comes after me has surpassed me because he was before me."

이 말씀에서 우리는 다섯 가지 중요한 진리를 발견하게 됩니다. Through this verses, we can understand five important truth.

첫 번째 진리는 영원 전부터 말씀이 계셨는데 그 말씀이 하나님이라는 것입니다. The first truth is that from eternity the Word has existed and the Word was God.

1절: 태초에 말씀이 계시니라 이 말씀이 하나님과 함께 계셨으니 **이 말씀은 곧 하나님이시니라.** In the beginning was the Word, and the Word was with God, and the Word was God.

두 번째 진리는 말씀이 육신이 되어 오신 분이 예수 그리스도라는 것입니다. The second truth is that the Word became flesh and He came into the world. He is Jesus Christ.

14절a: "말씀이 육신이 되어 우리 가운데 거하시매"
"The Word became flesh and made his dwelling among us."

세 번째 진리는 예수 그리스도가 하나님의 아들이라는 것입니다. The third truth is that Jesus Christ is the Son of God.

14절b: "우리가 그의 영광을 보니 **아버지로부터 온 독생자**의 영광이요"
We have seen his glory, the glory of the One and Only, who came from the Father.

네 번째 진리는 예수 그리스도가 창세 전부터 계셨던 하나님이라는 것입니다. The fourth truth is that Jesus Christ is God who has existed from eternity.

사도 요한은 예수님을 창세 전부터 계셨던 하나님이라고 증언했습니다. Apostle John testified that Jesus is God who has existed before the world began.

1절: 태초에 말씀이 계시니라 이 말씀이 하나님과 함께 계셨으니 **이 말씀은 곧 하나님이시니라.** In the beginning was the Word, and the Word was with God, and the Word was God. **2절**: 그가 태초에 **하나님과 함께 계셨고** He was with God in the beginning.

또 세례 요한도 예수님에 대해 다음과 같이 증언했습니다.
And the Baptist John also testified concerning Jesus.

세례 요한은 예수님 보다 6개월 더 일찍 태어났습니다.
The Baptist John was born 6 months earlier than Jesus.

그러나 세례 요한은 예수님을 자기보다 먼저 계셨던 분으로 증언했습니다. But in verse 15, John the Baptist testified that Jesus was before him.

요한복음 1장 14절과 15절을 읽어봅시다.
Let's read John Gospel 1:14~15.

14절: 말씀이 육신이 되어 우리 가운데 거하시매 우리가 그의 영광을 보니 아버지의 **독생자**의 영광이요 은혜와 진리가 충만하더라. The Word became flesh and made his dwelling among us. We have seen his glory, the glory of the One and Only, who came from the Father, full of grace and truth. **15절:** 요한이 그에 대하여 증언하여 외쳐 이르되 내가 전에 말하기를 **"내 뒤에 오시는 이가** 나보다 앞선 것은 **나보다 먼저 계심이라."** 한 것이 이 사람을 가리킴이라 하니라. John testifies concerning Him. He cries out, saying, "This was He of whom I said, He who comes after me has surpassed me because He was before me."

1절과 14절과 15절을 통해서 우리는 말씀이 예수님임을 알 수 있습니다. Through verse 1, 14, 15, we can understand that the "Word" is Jesus.

말씀은 하나님이십니다. 말씀은 하나님과 함께 계셨습니다. The Word is God. The Word is with God.

그러므로 말씀은 하나님의 아들, 예수님이십니다. Therefore the Word is Jesus, the Son of God.

그러므로 예수님은 창세 전부터 계셨던 하나님이십니다.

Therefore Jesus is God who has existed before the world began.

우리는 이것을 이해해야 합니다. We must understand this.

1절에서는 말씀이 하나님이라고 설명하고 있습니다.
Verse 1 says to us, that the Word is God.

14절과 15절에서는 그 말씀이 바로 예수님이라고 설명하고 있습니다. Verse 14, 15 says to us that the Word is Jesus.

따라서 예수 그리스도가 영원 전부터 계셨던 하나님의 아들이시며 그분이 바로 육신을 입고 이 세상에 오신 분이라는 것을 알 수 있습니다. Therefore, we can clearly understand that Jesus is the Son of God. He has been from eternity. And He came into the world in the flesh as the Christ.

그러므로 말씀이 바로 예수 그리스도이시며 예수님은 하나님의 아들이며 하나님 자신이라는 것입니다. Therefore, according to John Gospel chapter 1, the Word is Jesus Christ. Jesus is the Son of God and He is God Himself.

예수님은 하나님 자신이십니다. Jesus is God Himself.

다섯 번째 진리는 육신으로 오신 **하나님의 아들 예수 그리스도**가 바로 **창조주 하나님**이시라는 것입니다.
The Fifth truth is that Jesus Christ who came into the world in the flesh is the Creator God.
He created mankind and all things in the beginning.

또 3절과 10절을 통해서 우리는 예수님이 창조주이심을 알 수 있습니다. Through verse 3 and 10, we can know that Jesus is the Creator God.

3절과 10절을 다시 읽어봅시다. Let's read Verse 3 and 10.

3절: 만물이 그로 말미암아 지은 바 되었으니 지은 것이 하나도 그가 없이는 된 것이 없느니라. Through Him, all things were made; without Him nothing was made that has been made. **10절**: 그가 세상에 계셨으며 **세상은 그로 말미암아 지은 바 되었으되** 세상이 그를 알지 못하였고 He was in the world, and though the world was made through Him, the world did not recognize him.

예수님은 우리와 똑같은 인성을 가지신 사람이셨습니다.
Jesus was a man with a human nature just like us.
그리고 예수님은 육체를 가진 완전한 사람이셨습니다.
And Jesus was a complete man with a body.

예수님은 나사로가 죽었다고 들었을 때 울었습니다.
Jesus wept when he heard of Lazarus who was dead.
예수님은 우리처럼 슬퍼했습니다.
Jesus grieved just like us.
예수님은 채찍에 맞았을 때 매우 고통스러워했습니다.
Jesus felt severe pain when he was whipped.

그렇다고 해서 예수님은 우리와 같은 피조물은 아닙니다.
However, Jesus was not a creature like us.

예수님은 육체를 가지고 있다고 하더라도 완전한 하나님이셨습니다. And even though Jesus had a body, He was the complete God.

예수님은 원래 하나님이었으며 죄 없으신 사람이었습니다.
Jesus was God Himself. He had no sin in Him.

그리고 예수님은 셀 수 없이 많은 이적과 표적을 행하셨습니다.
And Jesus worked with countless miracles and signs.

예수님은 만유를 창조하신 **창조주 하나님**이십니다.
Jesus is the Creator God who created all things.

이 말씀은 예수 그리스도께서 피조물에 속한 분이 아니라
우주 만물의 주인이 되신다는 것을 설명하는 말씀입니다.
This means that Jesus Christ is not a creation.
It means that Jesus is the Lord of all things of the universe.

따라서 **창세 전부터 계셨던 말씀이 육신이 되어 오신 분은 예수님**이며 예수님은 "**세상 만물을 창조하신 창조주 하나님**"이라는 것입니다. Therefore, Jesus is the Word who has existed before the world began. And He came in the flesh into the world for our sins. But Jesus is the Creator God.

사도 바울은 이 진리를 골로새서에서 잘 설명하고 있습니다.
Apostle Paul explains this truth more plainly in Colossians.

골로새서 1장 15-17절을 함께 읽어봅시다.

Let's read together Colossians 1:15-17

골로새서 1:15: 그는 보이지 아니하는 **하나님의 형상**이시요 모든 피조물보다 **먼저 나신 이시니** The Son is the image of the invisible God, the firstborn over all creation. **16 만물이 그에게서 창조되되** 하늘과 땅에서 보이는 것들과 보이지 않는 것들과 혹은 왕권들이나 주권들이나 통치자들이나 권세들이나 **만물이 다 그로 말미암고** 그를 위하여 창조되었고 For in him all things were created: things in heaven and on earth, visible and invisible, whether thrones or powers or rulers or authorities; all things have been created through him and for him. **17 또한 그가 만물보다 먼저 계시고** 만물이 그 안에 함께 섰느니라. He is before all things, and in Him all things hold together.

따라서 **하나님의 아들 예수님은 창세 전부터 하나님과 함께 계셨던 분**이시며 Therefore, Jesus, the Son of God was with God before the world began.

예수님은 만물을 창조하신 분이며 이 세상에 육신으로 오신 분이라는 것입니다.

Jesus is the One who created all things. Jesus is the One who came to this world in the flesh for our sins.

예수님은 하나님이신데 우리 죄를 위한 대속 제물이 되기 위해서 사람으로 오셨습니다. Jesus is God, but He came as a man to be an atoning sacrifice for our sins.

예수님은 본래 하나님의 아들인데 **우리 죄를 대속하기 위해서** 사람으로 오셨습니다. Jesus is originally the Son of God. But He came as a man **to atone for our sins.**

우리는 요한복음을 통해서 예수님은 하나님이라는 것을 이해할 수 있습니다. We can understand that Jesus is the Creator God through John Gospel.

예수님은 창세 전부터 계셨던 **하나님의 아들**이십니다. Jesus is the Son of God who existed before the world began.

예수님은 세상 만물을 창조하신 **창조주 하나님**이십니다. Jesus is the Creator God who created all things in the world.

예수님은 인간의 육체를 입고 오신 **구속주 하나님, 그리스도**이십니다. Jesus is the Savior God, the Christ who came into the world in the flesh.

예수님은 창세 전부터 계신 하나님의 아들이시며
창조주 하나님이라는 사실을 인정하고 믿음으로써
더 확실한 믿음 가지기를 예수님 이름으로 축원합니다.
Jesus is the Son of God who existed before the world
began. We must acknowledge and believe that He is
the Creator God. Through this, may you have a more
certain faith in the name of Jesus Christ.

우리는 모두 예수 그리스도를 믿고 있습니다.
We all believe in Jesus Christ.

그러면 우리는 예수님을 창조주 하나님이라고 인정해야 합니다.
Then, we must acknowledge "Jesus is the Creator God."

나는 여러분이 우리 주 예수 그리스도를 더 정확하게 알기를 바
랍니다. I hope you know more accurately concerning
Jesus, our Lord.

아는 것은 우리에게 더 자신감을 가지게 하고 힘을 줍니다.
Knowing makes us more confident and empowers us.

여러분은 예수님으로부터 더 많은 능력 받기를 원하시나요?
Do you want to receive more power from Jesus?

만약 여러분이 예수님에 대해 확실하게 알면 예수님으로부터 능력을 얻을 것입니다. If you know Jesus for sure, you will gain more power from Jesus.

그러므로 나는 여러분이 예수 우리 왕을 믿는 믿음이 확실하기를 축원합니다. Therefore, I bless you, so that you may have sure faith in Jesus our King.

5. 이제 말씀을 정리하겠습니다.
   I would like to Conclude today's Word.

저는 여러분에게 한 가지 질문하고 싶습니다.
I want to ask you one thing.

이것은 매우 중요한 질문입니다. 주의 깊게 들어주기 바랍니다.
Please listen carefully because it is very important.

성경은 누가 왕인지를 가르쳐 주는 책입니다.

The Bible is the book that teaches us who is King.

우리는 하나님이 왕인지 사람이 왕인지를 성경을 통해 알 수 있습니다. We can know through the Bible whether God is king or man is king.

여러분의 삶에서 누가 여러분의 왕입니까?
Who is the King in your life?

여러분이 여러분의 삶에서 왕인가요?
Are you the King in your life?

여러분의 왕은 누구입니까?
Who is the King in your life.

여러분이 여러분의 인생의 왕이라고 생각하지 않기 바랍니다.
Please don't think that you are the King in your life.

만약 여러분이 여러분 인생의 왕이라고 생각한다면
여러분은 많은 문제와 괴로움과 염려와 근심을 가지게 될 것입니다. If you think you are the King in your life, then

you will have many problems and many troubles

만약 지금 여러분에게 어려움과 괴로움이 있다면
여러분은 여러분 자신이 나의 왕이라고 생각하고 있지 않은
지 돌아봐야 합니다. If you have a lot of difficulties and
troubles now, then you should look back to see whether
you thought yourself as the King of your life or not.

여러분 자신이 여러분 인생의 왕이라고 생각하고 있다면 여러분
은 회개해야 합니다. If you think you are the king of your
own life, you have to repent.

우리는 모두 예수 그리스도의 은혜로 구원받아 예수 그리스도께
속한 사람입니다.
We were saved from sin through Jesus Christ.
We all belong to Jesus Christ.
So our King is Jesus Christ in our life.

그러므로 우리 인생의 왕은 한 분밖에 없으며 그분은 바로 예수
그리스도입니다. Therefore, there is only one king in our
life. That is Jesus Christ.

사탄은 우는 사자와 같이 삼킬 자를 두루 찾아다니고 있습니다.
Satan prowls around like a roaring lion looking for
someone to devour.

어떤 사람이 사탄의 공격 대상이 되겠습니까?
Who will be the target of Satan's attack?

그것은 바로 자기 인생의 왕은 자기 자신이라고 생각하는 사람일
것입니다. That would be the person who thinks that he
himself is the king of his own life.

사탄은 자기 자신을 왕이라고 생각하는 사람을 찾아다니고 공격
합니다. The Satan seeks out and attacks the person who
thinks "I am the King of my life."

우리 인생의 모든 문제를 하나님께 맡겨서 하나님의 도움을 얻
으려면 창조주 하나님이신 예수 그리스도를 내 인생의 왕으로
인정해야 합니다. If we want to entrust all the problems
of our lives to God and receive God's help, we must
acknowledge that Jesus Christ is the Creator God and
the King of our lives.

그것은 하나님을 바르게 의지하는 믿음을 가지게 되는 방법입니다. This is the way how we can have a faith that we relies on God correctly.

여러분에게 문제나 어려움이 있습니까?
Do you have any problems and troubles in your life?

그러면 여러분은 예수님이 여러분의 왕이라고 인정해야 합니다.
Then, you must acknowledge that **Jesus is your King** in your life.

여러분 자신이 여러분의 왕이라고 생각하고 있다면 회개하기를 바랍니다. I hope you to repent of thinking that you are the King in your life.

그러면 여러분은 사탄의 공격으로부터 자유로워질 것입니다.
Then, you will be free from Satan's attacks.

그러면 사탄이 여러분을 공격할 수 없을 것입니다.
Then Satan will not be able to attack you.

예수님이 여러분의 왕으로서 여러분을 안전하게 지킬 것이기 때문에 사탄은 여러분을 공격할 수 없을 것입니다.
Satan will not be able to attack you, because Jesus will keep you safe.

예수님은 우리의 왕이십니다. 예수님은 나의 왕이십니다.
Jesus is our King. Jesus is my King.

예수님은 왕 중의 왕이시며 모든 것의 주인이십니다.
Jesus is the King of all kings.
Jesus is the Lord of all lords.

예수님은 우리 왕이시며 우리의 주인이십니다.
And Jesus is our King and our Lord.

예수님은 창조주 하나님이십니다. Jesus is the Creator God.
예수님은 하나님 자신이십니다. Jesus is God himself.

이런 고백을 하는 저와 여러분이 되기를 예수 그리스도의 이름으로 축원합니다. I pray in the name of Jesus Christ that you and I may confess this.

예수 우리 왕 우리 주님의 은혜가 여러분 안에 충만하기를 축복합니다. May the grace of our Lord Jesus Christ, our King, be abundant in you.

6. 오늘의 말씀을 가지고 기도하겠습니다.
Let's pray with today's Word.

하나님 아버지, 예수님은 우리 인생의 왕이심을 인정합니다.
Father God. we acknowledge that Jesus is our King, our Lord in our life.

오늘 우리는 예수 그리스도가 창조주 하나님이심을 확실하게 알게 되었습니다. Today we understood clearly that Jesus Christ is the Creator God.

오늘 우리는 예수님이 우리의 왕이시며 주인이심을 더 확실하게 알게 되었습니다. Today we understood clearly that Jesus is our King, our Lord in our life.

예수 그리스도는 창세 전부터 계셨던 창조주 하나님이십니다.
Jesus Christ is the Creator God who existed before the

world began.

예수님은 죄인이 된 인간을 구원하시기 위해 이 땅에 오신 하나님의 아들이십니다. Jesus is the Son of God who came into the world to save all sinners.

예수님은 이 땅에 사람의 몸으로 오셔서 인간의 모든 죄를 짊어지고 우리 대신 피 흘려 죽어주신 우리의 구주이며 그리스도이십니다. Jesus is our Savior and the Christ.
Jesus was sent in the flesh into the world by God.
Jesus took away all sins of the world and shed his blood instead of us.

그러므로 누구든지 예수 그리스도를 하나님의 아들이며 구주로 믿는다면 다 구원을 받을 수 있음을 믿습니다.
Therefore, we believe that whoever believes in Jesus Christ as the Son of God and the Savior, can be saved from sins by the grace of God.

온 세상 사람들이 모두 구원받도록 우리를 예수 그리스도의 충성된 증인이 되게 하여 주시옵소서. Please help us to be faithful witness of Jesus Christ, so that all people in the world can be saved.

우리에게 세상을 향해서 복음을 전파하고자 하는 열정을 주시옵소서. Please give us the earnest heart to preach the Gospel toward the world.

우리를 죄에서 구원하신 예수 그리스도의 이름으로 기도합니다. We pray in the name of Jesus Christ, who saved us.

아멘. Amen.

7. 이제 저는 여러분을 위해 복을 선포하겠습니다.
Now I will proclaim the blessing for you. Let's pray.

하나님은 지금 우리 가운데, 바로 이곳에 계십니다. God is here in our midst and in this place.

성령께서 우리를 치료하기 위하여 여기에 운행하고 계십니다. The Holy Spirit is moving here to touch and heal us.

예수 그리스도의 이름으로 모든 어려움에서 자유하기를 바랍니다. May you be free from troubles in the name of Jesus Christ.

예수 그리스도의 이름으로 치료받기를 바랍니다. May you be healed from all disease in the name of Jesus Christ.

예수 우리 왕, 우리 주님에 의해서 언제든지, 어디서든지 복 받기를 바랍니다. May you be blessed fully at any time and at any place by Jesus, our King our Lord.

하나님의 복이 여러분 안에 있기를 축원합니다.
May God's blessing be in you.
여러분의 영혼이 잘 되기를 축원합니다.
May your soul be getting along well.
여러분의 건강을 즐기기를 축원합니다.
May you enjoy good health.
여러분에게 범사에 잘 되기를 축원합니다.
May everything go well with you.

하나님은 여러분과 여러분의 가족에게 복 주십니다. 아멘.
God bless you and your family. Aman. Hallelujah!

복음이란 무엇인가? 왜 복음을 전해야 하는가?
What is the Gospel? Why must we spread the Gospel?

1. 본 문 Main Text

디모데전서 2:4 하나님은 모든 사람이 구원을 받으며 진리를 아는 데에 이르기를 원하시느니라. God wants all men to be saved and to come to a knowledge of the truth.

디모데후서 2:1 내 아들아, 그러므로 너는 그리스도 예수 안에 있는 은혜 가운데서 강하고 You then, my son, be strong in the grace that is in Christ Jesus. **2** 또 네가 많은 증인 앞에서 내게 들은 바를 **충성된 사람들에게 부탁하라 그들이 또 다른 사람들을 가르칠 수 있으리라.** And the things you have heard me say in the presence of many witnesses entrust to reliable people who will also be qualified to teach others.

마가복음 16:15 또 이르시되 너희는 온 천하에 다니며 **만민에게 복음을 전파하라.** He said to them, "Go into all the world and preach the gospel to all creation." **20** 제자들이 나가 두루 전파할새 주께서 함께 역사하사 그 따르는 표적으로 말씀을 확실히 증언하시니라. Then the disciples went out and preached everywhere, and the Lord worked with them and confirmed his Word by the signs that accompanied it.

에스겔 2:7 그들은 심히 패역한 자라 **그들이 듣든지 아니 듣든지** 너는 내 말로 고할지어다. You must speak my words to them, whether they listen or fail to listen, for they are rebellious.

고린도전서 9:16 내가 **복음을** 전할지라도 자랑할 것이 없음은 내가 **부득불 할 일임이라** 만일 **복음을 전하지 아니하면 내게 화가 있을 것이로다.** Yet when I preach the gospel, I cannot boast, for I am compelled to preach. Woe to me if I do not preach the gospel! **17** 내가 **내 자의로 이것을 행하면 상을 얻으려니와** 내가 자의로 아니한다 할지라도 나는 사명을 받았노라. If I preach voluntarily, I have a reward; if not voluntarily, I am simply discharging the trust committed to me.

2. 제 목: "복음이란 무엇인가?" "왜 복음을 전해야 하는가?"
"What is the Gospel?" "Why must we spread the Gospel?"

3. 들어가는 말 Beginning Word

오늘의 주제는 "복음이란 무엇인가?" "왜 우리는 복음을 전해야 하는가?"입니다. Today's subject is "What is the Gospel?" "Why must we spread the Gospel?"

많은 사람이 주일마다 교회를 가지만 그들 중에 많은 사람이 복음을 확실하게 알지 못하고 있습니다. Many people go to church every worship day. But among them, many people do not know surely the Gospel.

이 시간에는 복음에 대해서 생각해 보면서 다 함께 사명을 깨닫기를 바랍니다.
At this time, I hope that we can understand our mission, by thinking about the Gospel together.

4. 설교내용 Preaching Word

복음이란 무엇입니까? What is the Gospel?

로마서 1장 1~4절에서 하나님은 사도 바울을 통해 우리에게 복음을 설명하고 계십니다. In Romans 1:1~4, God explains the Gospel through apostle Paul.

로마서 1:1~4절을 읽어봅시다. Let's read Romans 1:1~4.

로마서 1:1 예수 그리스도의 종 바울은 사도로 부르심을 받아 하나님의 복음을 위하여 택정함을 입었으니 Paul, a servant of Christ Jesus, called to be an apostle and set apart for the Gospel of God **2** 이 복음은 하나님이 선지자들을 통하여 **그의 아들에 관하여** 성경에 미리 약속하신 것이라. the Gospel he promised beforehand through his prophets in the Holy Scriptures **3** 그의 아들에 관하여 말하면 육신으로는 다윗의 혈통에서 나셨고 regarding his Son, who as to his human nature was a descendant of David, **4** 성결의 영으로는 죽은 자들 가운데서 부활하사 능력으로 하나님의 아들로 선포되셨으니 곧 우리 주 예수 그리스도시니라. and who through the Spirit of holiness was declared with power to be the Son of God by his resurrection from the dead: Jesus Christ our Lord.

로마서 1장 1~4절을 통해 우리는 복음이 무엇인지 알 수 있습니다. Through Romans 1:1-4, we can know what the Gospel is.

먼저, 1장 2절과 3절에서 **"이 복음은"**으로 시작하고 있습니다. First, Chapter 1:2~3 begins with "The Gospel."

그리고 **"그 아들에 관하여"**라고 설명하고 있습니다.
Paul explains that the Gospel is "Concerning his Son."

그 아들은 누구를 말합니까? Who is his Son?

그 아들은 하나님의 아들을 의미하고 있습니다.
His Son means "the Son of God".

4절에서는 "하나님의 아들"은 "우리 주 예수 그리스도"라고 설명하고 있습니다. Verse 4 explains that "the Son of God"is "our Lord Jesus Christ."

따라서 복음은 하나님의 아들에 관한 것이며
Therefore, the Gospel is about the Son of God.

우리는 로마서 1장 1~4절을 통해서 "복음은 예수 그리스도"임을 알 수 있습니다. We can see through Romans 1:1-4 that "the Gospel is Jesus Christ."

예수 그리스도는 하나님의 아들입니다.
Jesus Christ is the Son of God.

복음은 하나님의 아들인 우리 주 예수 그리스도에 관한 것입니다. The Gospel is concerning the Son of God, Jesus Christ, our Lord.

요한복음 3장 16절을 읽어봅시다.
Let's read together, John 3:16.

요한복음 3:16 하나님이 세상을 이처럼 사랑하사 독생자를 주셨으니 이는 그를 믿는 자마다 멸망하지 않고 영생을 얻게 하려 하심이라. For God so loved the world that he gave his one and only Son, that whoever believes in him shall not perish but have eternal life.

하나님은 죄인을 구원하시고 영생을 얻도록 하나님의 아들을 보내주셨습니다. God sent his One and Only Son to save all men. God gave his One and only Son to save all men and to have eternal life.

하나님의 아들이 이 땅에 오셔서 우리 죄를 위해 우리 대신에 죽어주셨습니다.
The Son of God came to this world in the flesh.
And He died in our place for our sins.

하나님의 아들인 예수님이 이 땅에 오신 것이 모든 사람에게 좋은 소식입니다. The coming of Jesus, the Son of God to this world is good news for everyone.

하나님의 아들인 예수님을 믿으면 누구든지 죄를 용서받을 수 있습니다. Whoever believes in Jesus as the Son of God can be forgiven of his sins.

하나님의 아들인 예수님을 믿으면 누구든지 죄와 형벌에서 구원받을 수 있습니다. Anyone who believes in Jesus can be saved from sin and punishment.

하나님의 아들인 예수 그리스도께서 이 땅에 오신 것이 복음의 시작입니다. The beginning of the Gospel is the coming of Jesus Christ, the Son of God, to this world.

누구든지 예수 그리스도를 믿으면 죄 용서받고 구원받습니다. Whoever believes in Jesus Christ receives forgiveness of his sins. And whoever believes in Jesus Christ is saved from his sins.

이것이 기쁜 소식입니다. This is the Good News.

복음은 예수 그리스도인데 이 복음을 좋은 소식, 기쁜 소식이라고 말합니다. The Gospel is Jesus Christ, and this Gospel is called the Good News.

왜 이것이 기쁜 소식인가요?
Why we call this the Good News?

우리가 믿으면 죄 용서받고 죄에서 구원을 받기 때문입니다. Because if we believe, our sins are forgiven and we are saved from sin.

돈도 필요 없고 선행도 필요 없고 공로도 필요 없습니다. No need for money, no need for good deeds.

하나님의 아들, 예수 그리스도를 믿기만 하면 우리는 구원을 받을 수 있기 때문입니다. Because we can be saved only by believing in Jesus Christ, the Son of God.

왜 복음을 들어야 하며 예수 그리스도를 믿어야 합니까?

Why must we listen to the Gospel and believe in Jesus Christ?

로마서 1:16절을 통해 하나님은 우리에게 설명하고 계십니다.
In Romans 1:16, God explains this to us.

로마서 1장 16절을 읽어봅시다. Let's read Romans 1:16.

로마서 1:16 내가 복음을 부끄러워하지 아니하노니 **이 복음은 모든 믿는 자에게 구원을 주시는 하나님의 능력이 됨**이라. 먼저는 유대인에게요 그리고 헬라인에게로다. I am not ashamed of the gospel, because it is the power of God for the salvation of everyone who believes: first for the Jew, then for the Gentile.

"복음은 모든 믿는 자에게 구원을 주시는 하나님의 능력이 됨이라."
"The Gospel is the power of God for the salvation of everyone who believes."

모든 사람을 죄에서 구원하시는 분은 하나님이십니다.
It is God who saves everyone from sin.

복음은 모든 사람을 구원하시는 하나님의 능력입니다.

The Gospel is the power of God who saves everyone.

하나님은 무엇으로 죄인을 구원하십니까?

What does God use to save all the sinners?

하나님은 어떻게 죄인을 구원하십니까?

How does God save all the sinners?

하나님은 죄인을 그의 선한 행위로 구원하십니까?

Does God save the sinners through their good deeds?

아닙니다. 선한 행위로 구원하시는 것이 아닙니다.

No. Never through their good deeds.

하나님은 오직 복음을 통해서만 모든 죄인을 구원하십니다.

God saves all the sinners only through the Gospel.

이 복음은 하나님께서 죄인을 위해 허락하신 구원의 유일한 길입니다. This Gospel is the only way of salvation that God has allowed for sinners.

누구든지 하나님의 은혜에 의하여 믿음으로 구원받습니다.

Everyone is saved by the grace of God through faith.

그러므로 누구든지 선한 행위로 구원받는 것이 아니라 복음을 믿음으로 구원받습니다. (에베소서 2:8~9)
Therefore, everyone can be saved not by good works, but by believing in the Gospel.

복음은 하나님의 은혜로부터 왔으며 구원은 믿음으로 얻습니다.
The Gospel came from the grace of God.
The salvation is by God's grace through faith.

복음이란 무엇입니까? What is the Gospel?

복음은 예수 그리스도입니다. The Gospel is Jesus Christ.

복음은 모든 사람에게 가장 좋은 소식입니다.
The Gospel is the best News for everyone.

그러므로 우리는 복음을 좋은 소식이라고 말합니다.
Therefore we say that the Gospel is Good News.

하나님은 오직 예수 그리스도만을 통해서 사람을 죄에서 구원하십니다. God saves people from sin only through Jesus Christ, the Gospel.

그러면 하나님은 모든 사람 중에 누구를 구원하시지요?
So, whom does God save from sins among all people?

하나님은 복음인 하나님의 아들을 믿는 사람만 구원하십니다.
God saves only those who believe in the Son of God, the Gospel.

예수 그리스도는 독생하신 하나님의 아들입니다. Jesus Christ is the Son of God. He is God's One and Only Son.

그러므로 하나님은 예수 그리스도를 믿는 사람만 죄에서 구원하십니다. Therefore, God saves only those who believe in Jesus Christ.

하나님은 사랑의 하나님이십니다.
God is the God of Love.

그런데 하나님은 왜 예수 그리스도를 믿는 사람만 구원하십니까?
By the way, why does God save only those who believe in Jesus Christ?

하나님은 사랑의 하나님이실 뿐 아니라 공의의 하나님이시기 때문입니다. Because God is not only the God of love, but also the God of justice.

공의의 하나님은 모든 죄인을 벌하고 심판하셔야 합니다.
The righteous God must punish and judge all sinners.

하나님은 왜 하나님의 아들인 예수 그리스도를 믿는 사람만 구원하십니까? Why does God save only those who believe in Jesus Christ, the Son of God?

예수님은 우리 죄를 짊어지고 우리 대신에 죽어주셨기 때문입니다. Because Jesus took away our sins and died in our place.

하나님의 아들, 예수 그리스도가 우리 죄값을 자기 죽음으로 대신 갚았기 때문입니다.

Because God's Son, Jesus Christ redeemed for our sins by his death.

하나님의 아들, 예수 그리스도를 믿는 사람은 누구든지 죄에서 구원을 받습니다. Anyone who believes in Jesus Christ, the Son of God, is saved from sin.

누구든지 예수 그리스도를 믿으면 구원을 받는다는 것입니다. Whoever believes in Jesus Christ will be saved.

이것이 바로 복음이며 기쁜 소식입니다. This is the Gospel and the Good News.

다시 말하자면, 잘 믿어야 구원을 받는 것이 아니라 예수 그리스도를 받아들이고 믿는다고 고백을 하면 구원을 받는다는 것입니다. In other words, to be saved it is not that we must believe well. But we will be saved if we accept Jesus Christ and confess that we believe in Jesus Christ.

누구든지 예수 그리스도를 믿으면 구원받고 천국에 갑니다.

Whoever believes in Jesus Christ will be saved and goes to Heaven.

여러분, 만약 여러분이 오늘 죽는다면 천국 갈 수 있습니까?
If you die today, can you go to Heaven?

확신합니까? **Are you sure?**

여러분이 예수 그리스도를 믿는다면 오늘 죽어도 천국에 가는 것입니다. If you believe in Jesus Christ, you will definitely go to Heaven, even if you die today.

여러분의 믿음이 부족해도 예수 그리스도를 하나님의 아들로 인정하고 여러분의 마음에 받아들이고 믿고 있다면 여러분은 천국 가는 것입니다.
Even if you lack faith, if you acknowledge Jesus Christ as the Son of God and accept Him in your heart and believe in Him, you will definitely go to Heaven.

이것이 복음이며 기쁜 소식입니다.
This is the Gospel. This is the Good News.

요한복음 1:29절을 읽어봅시다. Let's read John 1:29.

요한복음 1:29 이튿날 요한이 예수께서 자기에게 나아오심을 보고 이르되 **보라 세상 죄를 지고 가는 하나님의 어린 양이로다.** The next day John saw Jesus coming toward him and said, "Look, the Lamb of God, who takes away the sin of the world!"

세례 요한은 이렇게 말했습니다. John the Baptist said:

그는 "예수님은 세상 죄를 지고 가는 하나님의 어린 양"이라고 말했습니다. He said, "Jesus is the Lamb of God who takes away the sin of the world."

예수님은 세상의 모든 죄를 대신해서 자기 죽음으로 죄값을 갚아주셨습니다. Jesus redeemed for all the sins of the world by his death.

누가 이렇게 했습니까? Who did this?

성부 하나님이 독생자 아들인 예수님을 보내주셨습니다. God the Father sent His Only Begotten Son, Jesus into the world.

성부 하나님이 세상의 모든 죄를 대신해서 죽도록 예수님을 보내 주셨습니다. God the Father sent Jesus to die for all sins of the world.

이사야 53:6절을 읽어봅시다. Let's read Isaiah 53:6.

이사야 53:6 우리는 다 양 같아서 그릇 행하여 각기 제 길로 갔거늘 여호와 께서는 **우리 모두의 죄악을 그에게 담당시키셨도다.** We all, like sheep, have gone astray, each of us has turned to our own way; and the LORD has laid on him the iniquity of us all.

"여호와께서는 우리 모두의 죄악을 그에게 담당시키셨도다." "The LORD has laid on him the iniquity of us all."

이 구절에서 "그에게"는 누구입니까? Who is "him" in this verse?

그는 구세주, 그리스도입니다. He is the Messiah, the Christ.

하나님은 죄를 심판하시고 죄인에게 벌을 주시는 하나님입니다.
God judges all sins and punishes all sinners.

하나님께서는 죄인인 우리를 살리기 위해서 하나님의 아들에게 우리 죄를 담당시키셨습니다. God laid our sins on His Son in order to save us, the sinners.

하나님의 아들, 예수님은 우리 죄를 대신해서 속죄 제물로 우리 대신에 죽어주셨습니다.
The Son of God, Jesus died in our place as **a sin offering** for our sins. The Son of God, Jesus died in our place as an atoning sacrifice for our sins.

하나님은 죄를 심판해야 하는 공의의 하나님입니다.
God is the God of justice who must judge sin.

하나님은 죄인인 우리를 살리기 위해서 화목 제물로 아들을 보내주셨습니다. God sent His Son as an atoning sacrifice to save us who are sinners.

요한일서 4:9~10절을 읽어봅시다. Let's read 1John 4:9~10.

요한1서 4:9 하나님의 사랑이 우리에게 이렇게 나타난 바 되었으니 **하나님이 자기의 독생자를 세상에 보내심은 그로 말미암아 우리를 살리려 하심이라.** This is how God showed his love among us: He sent his one and only Son into the world that we might live through him. **10** 사랑은 여기 있으니 우리가 하나님을 사랑한 것이 아니요 **하나님이 우리를 사랑하사 우리 죄를 속하기 위하여 화목 제물로 그 아들을 보내셨음이라.** This is love: not that we loved God, but that He loved us and sent his Son as an atoning sacrifice for our sins.

우리는 죄로 하나님과 원수가 되었던 죄인이었습니다.
We were sinners who became the enemies of God, because of our sin.

예수님은 죄인을 하나님과 화목하도록 화목 제물로 자신을 하나님께 바쳤습니다. Jesus offered himself for sinners as the **peace offering** to God.
Jesus offered himself to reconcile the sinners to God.

요한일서 2:2절을 읽어봅시다. Let's read 1John 2:2.

요한1서 2:2 그는 우리 죄를 위한 화목 제물이니 우리만 위할 뿐 아니요 온 세상의 죄를 위하심이라. He is the atoning sacrifice for our sins, and not only for ours but also for the sins of the whole world.

"그는 우리 죄를 위한 화목 제물이니"
"He is the atoning sacrifice for our sins."

예수님은 우리 죄를 대신한 대속 제물이 되셨습니다.
Jesus became **the atoning sacrifice** for our sins.

예수님은 우리를 하나님과 화목하게 만들기 위해서 화목 제
물이 되셨습니다. Jesus became the atoning sacrifice **to
reconcile us to God.**

예수님은 많은 사람을 위해 대속물이 되셨습니다.
Jesus came to this world to be a ransom for many.

마가복음 10:45절을 읽어봅시다. Let's read Mark 10:45.

마가복음 10:45 인자가 온 것은 섬김을 받으려 함이 아니라 도리어 섬기
려 하고 자기 **목숨을 많은 사람의 대속물로 주려 함이니라.** "For even
the Son of Man did not come to be served, but to serve, and
to give his life as a ransom for many."

"인자가 온 것은 자기 목숨을 많은 사람의 대속물로 주려 함이니라." "The Son of Man came to give his life as a ransom for many."

이 구절에서 인자는 누구입니까?
Who is the Son of Man in this verse?

인자란 예수님 자신을 가리킵니다.
Jesus called himself the Son of Man.

하나님은 우리 죄를 대신해서 예수님을 속죄 제물로 받으셨습니다. God accepted Jesus as the atoning sacrifice and peace offering for our sins.

예수님이 우리를 살리기 위해 우리 죄값을 갚는 속죄 제물이 되셨습니다. Jesus became the atoning sacrifice to redeem us so that we could live.

하나님의 아들은 화목 제물, 속죄 제물이 되기 위해서 육체로 이 땅에 오신 것입니다. The Son of God came to this world in the flesh to become atoning sacrifice.

그래서 우리는 예수님을 복음이라고 말하는 것입니다.
That is the reason why we say that Jesus is the Gospel.

하나님은 복음을 통하지 않고 우리를 구원하지 않습니다.
God does not save us, except through the Gospel.

하나님은 복음인 예수님을 통하지 않고는 우리 죄를 용서하지 않습니다. God does not forgive our sins, except through Jesus Christ, the Gospel.

하나님은 예수님을 믿지 않는 사람의 죄를 용서하지 않습니다. God does not forgive the sins of those who do not believe in Jesus Christ.

하나님은 예수님을 믿지 않는 사람을 죄에서 구원하시지 않습니다. God does not save those who do not believe in Jesus Christ.

예수님을 믿지 않는 사람의 죄는 하나님의 공의로 심판받아야 할 죄입니다. Those who do not believe in Jesus must be judged by God's justice.

예수님을 믿지 않는 사람의 죄는 하나님의 공의로 벌을 받아야할 죄입니다. Those who do not believe in Jesus must be punished by God's justice.

그러나 예수님을 믿는 사람의 죄는 예수님을 통해서 용서를 받는 것입니다. However, those who believe in Jesus are forgiven through Jesus Christ.

이것이 우리가 예수 그리스도를 믿어야 하는 이유입니다.
This is the reason why we must believe in Jesus Christ.

우리는 왜 복음을 전해야 합니까?
Why should we spread the Gospel?

하나님은 모든 사람이 구원받아서 진리를 알기를 원하십니다.
God wants all men to be saved. And God wants all men to come to a knowledge of the truth.

디모데전서 2:4절을 읽어봅시다. Let's read 1Timothy 2:4.

디모데전서 2:4 하나님은 모든 사람이 구원을 받으며 진리를 아는 데에 이르기를 원하시느니라. God wants all people to be saved and to come to a knowledge of the truth.

진리의 지식은 무엇일까요?
What is a knowledge of the truth?

진리의 지식은 하나님을 아는 지식입니다.
The knowledge of the truth is the knowledge of God.
진리의 지식은 하나님의 말씀을 아는 지식입니다. Knowledge of the truth is the knowledge of the Word of God.

우리는 하나님을 알기 위해서 예수 그리스도를 먼저 알아야 합니다. In order to know God, first of all, we must know Jesus Christ.

왜냐하면, 예수 그리스도는 하나님의 아들이며 하나님을 알려주기 위해서 오셨기 때문입니다.
Because Jesus Christ is the Son of God.
Because he came to this world to teach us about God.

따라서 진리의 지식은 예수 그리스도를 아는 지식입니다.

Therefore, the knowledge of the truth is the knowledge of Jesus Christ.

온 세상을 구원하는 것은 하나님의 뜻입니다.
It is God's Will to save the whole world.

온 세상 사람들은 죄에서 구원받기 위해서 예수님을 알아야 합니다. All the people must know Jesus to be saved from their sins.

예수님은 온 세상을 구원하기 위해서 복음을 전하라고 명령하셨습니다. Jesus commanded his disciples to preach the Gospel to save all people.

마가복음 16장 15절과 20절을 읽어봅시다.
Let's read Mark 16:15 and 20.

마가복음 16:15 또 이르시되 너희는 온 천하에 다니며 **만민에게 복음을 전파하라.** He said to them, "Go into all the world and preach the gospel to all creation." **20** 제자들이 나가 두루 전파할새 주께서 함께 역사하사 그 따르는 표적으로 말씀을 확실히 증언하시니라. Then the disciples went out and preached everywhere, and the Lord worked with them and confirmed his Word by the signs that accompanied it.

"너희는 온 천하에 다니며 만민에게 복음을 전파하라."
"Go into all the world and preach the Gospel to all creation."

예수님은 제자에게 만민에게 복음을 전파하라고 명령했습니다.
Jesus commanded his disciples to preach the Gospel to all creation.

우리가 복음을 전하면 하나님께서 복음을 확증하기 위해 표적으로 역사하십니다. When we preach the Gospel, God works with us and confirms the Gospel by the signs.

우리는 복음을 전해야 합니다.
We have to preach the Gospel toward the world.

복음을 전하는 것이 우리에게 가장 중요한 사명입니다.
Preaching the Gospel is our most important Mission.

우리는 복음으로 믿음을 견고하게 세워야 합니다.
We must firmly establish our faith through the Gospel.

만약 우리가 예수님을 잘 알지 못하면 우리는 복음을 전할 수 없습니다. If we don't know Jesus well, we can not testify of Jesus Christ. If we don't know Jesus well, we can not preach the Gospel.

왜냐하면, 복음은 예수 그리스도이기 때문입니다.
It is because the Gospel is concerning Jesus Christ.

만약 우리가 예수님을 잘 알지 못하면 우리는 믿음을 바로 세울 수 없습니다. If we do not know Jesus well, we can not build up our faith correctly.

믿음은 우리의 삶의 능력입니다.
The faith is the power of our life.

우리는 믿음으로 죄에서 구원받고 병을 치료받습니다.
We can be saved from sins and be healed through our faith.

구원을 받는다는 것은 죄에서 구원을 받는다는 뜻도 있지만, 질병과 고통에서 구원을 받는다는 뜻도 포함합니다.
Being saved means being saved from sin, but it also includes being saved from sickness and suffering.

이것은 예수 그리스도를 믿음으로 가능하다는 것입니다.
This is possible by believing in Jesus Christ.

마태복음 9장 22절과 29절을 읽어봅시다.
Let's read Matthew 9:22 and 29.

마태복음 9:22 예수께서 돌이켜 그를 보시며 이르시되 딸아 안심하라 **네 믿음이 너를 구원하였다** 하시니 여자가 그 즉시 구원을 받으니라. Jesus turned and saw her. "Take heart, daughter,"he said, **"your faith has healed you."** And the woman was healed at that moment. **29** 이에 예수께서 그들의 눈을 만지시며 이르시되 **너희 믿음대로 되라** 하시니 Then he touched their eyes and said, "According to your faith let it be done to you"

우리는 믿음으로 환란을 참을 수 있고 믿음으로 모든 것을 이길 수 있습니다.
We can endure all distress and persecution by our faith.

And we can overcome everything by our faith.

사도 바울은 부활하신 예수님을 만난 후, 예수님을 바로 알게 되었습니다. After apostle Paul met the resurrected Jesus, he became to know Jesus correctly.

그는 모든 이방 나라로 다니면서 복음을 전했습니다.
He went to all the nations and preached the Gospel.

여러분은 여러분의 믿음을 똑바로 세우기를 원합니까?
Do you want to build up your faith correctly?

그러면 복음인 예수님이 누구이신지를 확실하게 알아야 합니다.
Then, you must know accurately Jesus who is the Gospel.

또 예수님을 확실하게 믿어야 합니다.
And you have to believe firmly in Jesus Christ.

예수님은 누구입니까? Who is Jesus?

예수님은 창세 전부터 계셨던 하나님의 아들입니다.

Jesus has existed before the world began.

He has been God's One and Only Son from eternity.

예수님은 만물을 창조하신 창조주 하나님입니다.

Jesus is the Creator God who created all things

예수님은 대속하신 하나님, 우리의 구주이며 그리스도입니다.

Jesus is the Redeemer God, our Savior.

Jesus is the Messiah, the Christ.

이분이 우리가 믿는 예수님입니다.

This is Jesus whom we all believe in.

모든 교인들은 예수님을 믿는다고 생각하지만, 그들은 실제로 복음을 잘 알지 못하고 있습니다. All church members believe in Jesus Christ. But actually they do not know well the Gospel, our Lord Jesus Christ.

우리는 복음을 확실히 알아야 합니다.

We must know the Gospel accurately.

그러나 복음을 확실히 알지 못하는 교인들이 너무 많습니다.
But there are too many members who do not know the
Gospel for sure.

5. 이제 말씀을 정리해 보겠습니다.
Now I am going to conclude today's Word.

하나님은 모든 사람이 구원받기를 원하십니다.
God the Savior wants all men to be saved.
하나님은 모든 사람이 진리를 알기 원하십니다.
God wants all men to come to a knowledge of the
truth.

교회 안에서 복음인 예수 그리스도를 알지 못하는 교인들이 많
습니다. In the church, there are many church members
who do not know well the Gospel, Jesus Christ.

그러므로 우리는 언제든지 어디에서든지 복음을 전해야 합니다.
Therefore we must preach the Gospel at any time, at
any place.

초대교회 성도들은 어디를 가든지 예수님을 메시아라고 전했습니다. The Early Church's members preached that Jesus is the Messiah wherever they go.

사도행전 5장 20절과 42절을 읽어봅시다.
Let's read Acts 5:20 and 42.

사도행전 5:20 가서 성전에 서서 이 생명의 말씀을 다 백성에게 말하라 하매 "Go, stand in the temple courts," he said, "and tell the people all about this new life."

"이 생명의 말씀"은 복음이며 예수 그리스도에 관한 말씀입니다. "This Word of life" is the Gospel and the Word about Jesus Christ.

사도행전 5:42 그들이 날마다 성전에 있든지 집에 있든지 **예수는 그리스도**라고 가르치기와 전도하기를 그치지 아니하니라. Day after day, in the temple courts and from house to house, they never stopped teaching and proclaiming the good news that Jesus is the Messiah.

무엇보다 먼저, 우리가 해야 하는 것은 오직 복음을 전하는 것입니다. What we should do first, is only preaching the Gospel toward the world.

이것이 하나님의 일이기 때문에 우리가 사는 이유입니다.
This is why we must live, because this is God's Work.

이것이 우리의 삶의 목표가 되어야 하며 우리의 사명이 되어야 합니다. This is the purpose of our life and this is our mission for God.

우리가 하나님을 위해 산다는 것은 복음을 위해 사는 것을 의미합니다. Living for God means living for the Gospel.

예수님은 승천하시기 전에 제자들에게 "복음을 전하라"고 명령하셨습니다.
Jesus commanded His disciples before His ascension.

마태복음 28장 19절을 함께 읽어봅시다.
Let's read together, Matthew 28:19.

마태복음 28:19 그러므로 너희는 가서 모든 민족을 제자로 삼아 아버지와 아들과 성령의 이름으로 세례를 베풀고 Therefore go and make disciples of all nations, baptizing them in the name of the Father and of the Son and of the Holy Spirit.

"가서 모든 민족을 제자로 삼아라."
"Go and make disciples of all nations!"

마가복음 16장 15절을 함께 읽어봅시다.
Let's read together, Mark 16:15.

마가복음 16:15 또 이르시되 너희는 온 천하에 다니며 만민에게 복음을 전파하라. He said to them, "Go into all the world and preach the good news to all creation."

"너희는 온 천하에 다니며 만민에게 복음을 전파하라."
"Go into all the world and preach the Good News to all creation!"

예수님은 하나님의 하나밖에 없는 아들입니다.
Jesus is God's One and Only Son.

하나님은 우리를 위해 독생하신 아들을 이 세상에 보내주셨습니다. God the Father sent His Son into the world for us.

하나님의 아들은 많은 사람의 대속물로 육체를 입고 이 세상에 오셨습니다. The Son of God came in the flesh into the world as a ransom for many.

하나님의 아들이 왜 육체를 입고 오셨습니까?
Why the Son of God came to this world in the flesh?

그것은 우리 죄를 위해서 십자가에 못 박혀 피 흘려 죽어주시기 위해서 육체로 오셨습니다. He came in the flesh to shed blood and die on the cross for our sins.

우리가 죄로 인해 육체로 죽어야 하는데 예수님이 우리를 대신해서 죽기 위해서 육체를 입고 오신 것입니다. We must die and be punished because of our sins. But Jesus came in the flesh to die and to be punished in our place.

이것은 피 흘려 죽어주셔서 그 피로 화목 제물, 속죄 제물이 되어야 하기 때문입니다. This is because He had to shed

His blood and die. And it is because His blood had to become a peace offering and a sin offering to God.

예수님은 우리를 대신해서 속죄 제물, 화목 제물로 죽어주셨습니다. Jesus died as an atoning sacrifice for us.

예수님은 우리를 위해 부활하시고 하늘로 승천하셨습니다. Jesus resurrected for us and ascended to the Heaven.

예수님은 마지막 날에 심판하시기 위해 다시 오실 것입니다. Jesus will come again for judgment at the Last Day.

모든 사람은 예수 그리스도를 믿음으로 죄로부터 구원받을 수 있습니다. All men can be saved from their sin, only by believing in Jesus Christ.

누구든지 예수 그리스도를 믿는 자는 멸망하지 않고 영생을 얻습니다. Whoever believes in Jesus Christ, shall not perish but have eternal life.

이것이 좋은 소식입니다. This is the Good News for us.

우리는 이 좋은 소식을 복음이라고 말합니다.
We call this Good News "the Gospel"

우리가 어떤 큰 일을 해서 구원을 받는 것이 아니라
우리는 예수 그리스도를 받아들이고 믿기만 하면 구원을 받는 것
입니다. We are saved not by doing something great. but
by accepting and believing in Jesus Christ.

이것이 우리에게 얼마나 좋은 소식입니까?
How good news is this for us?

복음 전하는 것, 이것이 우리의 삶의 목적이며 사명입니다.
Preaching the Gospel must be the purpose of our life
and our Mission.

다음의 성경을 함께 읽어봅시다.
Let's read together, the next Scriptures.

하나님은 모든 사람이 구원을 받아 진리를 아는 데에 이르기를
원하십니다. God wants all men to be saved and to come
to a knowledge of the truth.

디모데전서 2:4절을 읽어봅시다. Let's read 1Timothy 2:4.

디모데전서 2:4 하나님은 모든 사람이 구원을 받으며 진리를 아는 데에 이르기를 원하시느니라. God wants all men to be saved and to come to a knowledge of the truth.

하나님은 사람들이 듣든지 아니 듣든지 복음을 전하라고 명령하셨습니다. God commanded us to preach the Gospel whether people would listen or not.

에스겔 2장 7절을 읽어봅시다. Let's read Ezkiel 2:7.

에스겔 2:7 그들은 심히 패역한 자라 그들이 듣든지 아니 듣든지 너는 내 말로 고할지어다. You must speak my words to them, whether they listen or fail to listen, for they are rebellious.

우리는 사람들이 듣든지 아니 듣든지 복음을 전해야 합니다. We must preach the Gospel, whether they listen or not.

우리가 복음을 전하면 성령께서 역사하셔서서 믿게 만듭니다.

When we preach the Gospel, the Holy Spirit works to make people listen and believe.

우리가 말을 잘 해서 사람을 감동시켜 그들을 믿게 만드는 것이 아닙니다. It's not by speaking well or impressing people to make them believe in Jesus Christ.

내가 아니라, 성령께서 역사하셔서 그들을 믿게 만드는 것입니다. It is not I, but the Holy Spirit who works to make them believe in Jesus Christ.

에스겔 3장 27절을 읽어봅시다. Let's read Ezkiel 3:27.

에스겔 3:27 그러나 내가 너와 말할 때에 네 입을 열리니 너는 그들에게 이르기를 주 여호와의 말씀이 이러하시다 하라 **들을 자는 들을 것이요 듣기 싫은 자는 듣지 아니하리니** 그들은 반역하는 족속이니라. But when I speak to you, I will open your mouth and you shall say to them, 'This is what the Sovereign LORD says.' Whoever will listen let him listen, and whoever will refuse let him refuse; for they are a rebellious house.

어떤 사람이 예수 그리스도를 듣지 못하여 믿지 못하면 그 사람은 심판을 받습니다. If a person does not hear about Jesus Christ and does not believe in Him, he will be judged and punished by God.

그러나 하나님은 그의 피 값을 전하지 않은 우리에게서 찾을 것입니다. But God will require his blood at our hands who do not preach the Gospel.

에스겔 3장 20절을 읽어봅시다. Let's read Ezkiel 3:20.

에스겔 3:20 또 의인이 그의 공의에서 돌이켜 악을 행할 때에는 이미 행한 그의 공의는 기억할 바 아니라 내가 그 앞에 거치는 것을 두면 그가 죽을지니 이는 **네가 그를 깨우치지 않음이니라 그는 그의 죄 중에서 죽으려니와 그의 피 값은 내가 네 손에서 찾으리라.** Again, when a righteous man turns from his righteousness and does evil, and I put a stumbling block before him, he will die. Since you did not warn him, he will die for his sin. The righteous things he did will not be remembered, and I will hold you accountable for his blood.

"네가 경고하지 않으면 그들은 죄 중에서 죽겠으나 나는 그들의 피 값을 너에게서 찾으리라."

"Since you did not warn him, he will die for his sin. But I will require his blood at your hands who do not preach the Gospel."

초대교회 성도들은 날마다 예수는 그리스도라고 전했습니다.
The Early Church's members preached every day that Jesus is the Christ.

사도행전 5장 42절을 다시 읽어봅시다. Let's read Acts 5:42.

사도행전 5:42 그들이 **날마다 성전에 있든지 집에 있든지 예수는 그리스도라고 가르치기와 전도하기를 그치지 아니하니라.** Day after day, in the temple courts and from house to house, they never stopped teaching and proclaiming the Good News that Jesus is the Christ.

우리는 모두 "예수님은 하나님의 아들"이며 "예수님은 그리스도"라고 전해야 합니다.
We all must preach that Jesus is the Son of God.
And we also must preach that Jesus is the Christ.

사도 바울은 부득불 복음을 전해야 한다고 가르치고 있습니다.
Apostle Paul teaches that we must preach the Gospel
inevitably.

사도 바울은 우리가 복음을 전하지 않으면 화가 있을 것이라
고 말했습니다. Apostle Paul said "Woe to us if we do not
preach the Gospel."

또 그는 우리가 복음을 전하면 상을 얻는다고 가르치고 있습니
다. And he said, if we spread the Gospel, we will have a
reward.

고린도전서 9장 16~17절을 읽어봅시다.
Let's read 1Corinthians 9:16 and 17.

**고린도전서 9:16 내가 복음을 전할지라도 자랑할 것이 없음은 내가 부
득불 할 일임이라. 만일 복음을 전하지 아니하면 내게 화가 있을 것이
로다.** Yet when I preach the gospel, I cannot boast, for I am
compelled to preach. Woe to me if I do not preach the gospel!
17 내가 내 자의로 이것을 행하면 상을 얻으려니와 내가 자의로 아니
한다 할지라도 나는 사명을 받았노라. If I preach voluntarily, I have

a reward; if not voluntarily, I am simply discharging the trust committed to me.

사도 바울은 디모데에게 충성된 사람들에게 복음을 가르치라고 명령했습니다. Apostle Paul ordered Timothy to teach the Gospel to faithful people.

그러면 그들이 또 다른 사람을 가르칠 것이라고 말했습니다. He said that then they would be able to teach the Gospel other people.

디모데후서 2장 1~2절을 읽어봅시다. Let's read 2Timothy 2:1~2.

디모데후서 2:1 내 아들아, 그러므로 너는 그리스도 예수 안에 있는 은혜 가운데서 강하고 You then, my son, be strong in the grace that is in Christ Jesus. **2** 또 네가 많은 증인 앞에서 내게 들은 바를 **충성된 사람들에게 부탁하라. 그들이 또 다른 사람들을 가르칠 수 있으리라.** And the things you have heard me say in the presence of many witnesses entrust to reliable people who will also be qualified to teach others.

우리는 믿지 않는 자에게 구원을 얻도록 복음을 전해야 합니다.
We must preach the Gospel to unbelievers so that they can be saved.

또 우리는 이미 믿고 구원을 얻은 자에게도 복음을 가르쳐야 합니다. We must also teach the Gospel to those who have already received salvation by believing in Jesus Christ.

왜냐하면, 그들이 또 다른 사람에게 복음을 전할 것이기 때문입니다. Because they will also preach the Gospel to others.

그래서 저는 어디를 가든지 복음을 전하고 있습니다.
So, I am preaching the Gospel wherever I go.

그리고 저는 지금과 같이 교회에서도 복음을 전하고 있습니다.
And I am preaching the Gospel even at the church.

하나님은 복음을 전하는 사람들을 기뻐하십니다.
God please those who preach the Gospel.

하나님은 예수 그리스도를 증언하는 사람을 기억하실 것입니다.
God does remember those who testify of Jesus Christ.

하나님은 예수 그리스도를 증언하는 사람들에게 복 주십니다.
God bless those who testify of Jesus Christ, the Savior.

복음을 전함으로써 여러분 모두에게 하나님의 복이 있기를 예수 그리스도의 이름으로 축원합니다. May you be blessed by preaching the Gospel in the name of Jesus Christ.

다 함께 이것을 기억합시다. Let's remember this!

우리는 복음을 위하여 살아야 합니다.
We have to live for the Gospel of God.

하나님의 말씀을 따라서 살아야 합니다.
We have to live according to the Word of God.

우리는 성령에 의하여, 성령을 통해서 살아야 합니다.
We have to live through the Holy Spirit and by the Holy Spirit.

우리는 복음을 위해서 하나님 앞에서 신실해야 합니다.
We have to be faithful for the Gospel before God.

이런 사명 감당하는 저와 여러분이 되시기를 예수 그리스도의 이름으로 축원합니다. 이멘. May God's blessing be on you in Jesus Christ, by accomplishing the Mission to preach the Gospel faithfully. Amen.

6. 이제 제가 여러분 모두를 위해 기도하겠습니다.
Now I pray for all of you. Let's pray.

저는 지금까지 여러분에게 복음을 전했습니다.
Until now, I have been preaching the Gospel for you.

복음을 전하는 곳에는 하나님께서 기사와 이적을 나타냅니다.
Wherever the Gospel is preached, God's wonders and miracles appear.

복음을 전하는 곳에는 병 고치시는 성령의 역사가 있습니다.
In this place, there is the healing work of the Holy Spirit.

하나님은 지금 우리 가운데, 바로 이곳에 계십니다.
God is here in our midst and in this place.

성령께서 우리를 만지고 치료하기 위하여 여기에서 운행하고 계십니다. The Holy Spirit is moving here to touch and heal you all.

예수 그리스도의 이름으로 모든 어려움에서 해결되기를 축원합니다. May you be free from troubles in the name of Jesus Christ.

예수 그리스도의 이름으로 어떤 질병도 치료받기를 축원합니다. May you be healed from all disease in the name of Jesus Christ.

예수 우리 왕, 우리 주님에 의해서 언제나 복 받기를 축원합니다. May you be blessed fully at any time by Jesus, our King, our Lord.

위대하신 우리 왕, 예수 그리스도의 이름으로. In the mighty name of our King, Jesus Christ.

위대하신 우리 주, 예수 그리스도의 이름으로.
In the mighty name of our Lord, Jesus Christ.

여러분의 인생에 복이 있기를 축원합니다.
May your life be blessed.

여러분의 건강에 복이 있기를 축원합니다.
May your health be blessed.
여러분의 재정에 복이 있기를 축원합니다.
May your finance be blessed.
여러분의 가정에 복이 있기를 축원합니다.
May your family be blessed.
여러분의 자녀들에게 복이 있기를 축원합니다.
May your children be blessed.

하나님 아버지, 하나님의 사랑으로 성령을 통해서 우리 모두를 만져주세요. Father God, please touch us with your Love through the Holy Spirit.

하나님의 사랑으로 우리 모두에게 채워주세요.
Please fill with your love for all of us.

우리 모두에게 좋은 것으로 채워주세요.

Please fill us with all good things for us.

우리 삶을 인도해 주세요.

Please guide our life.

전능하신 우리 주 예수 그리스도의 이름으로 기도합니다. 아멘.

I pray in the mighty name of our Lord, Jesus Christ.
Amen.

하나님은 여러분과 여러분의 가족에게 복 주십니다.

God bless you and your family.

아멘. 아멘. 아멘. Amen. Amen. Amen.

할렐루야! Hallelujah!

하나님은 모든 사람이 구원을 받으며
진리를 아는 데에 이르기를 원하시느니라.
(디모데전서 2:4)

너희는 온 천하에 다니며 만민에게 복음을 전파하라.

(마가복음 16:15)

여호와께서 내게 이르시되

너는 아이라 말하지 말고

내가 너를 누구에게 보내든지 너는 가며

내가 네게 무엇을 명령하든지 너는 말할지니라.

(예레미야 1:7)

내가 복음을 전할지라도

자랑할 것이 없음은 내가 부득불 할 일임이라.

만일 복음을 전하지 아니하면 내게 화가 있을 것이로다.

내가 내 자의로 이것을 행하면 상을 얻으려니와

내가 자의로 아니한다 할지라도 나는 사명을 받았노라.

(고린도전서 9:16~17)

그들은 심히 패역한 자라.

그들이 듣든지 아니 듣든지 너는 내 말로 고할지어다.

(에스겔 2:7)

그들이 날마다 성전에 있든지 집에 있든지

예수는 그리스도라고 가르치기와 전도하기를 그치지 아니하니라.

(사도행전 5:42)

하나님의 형상회복과 성령의 사역
Restoration of God's image and the work of the Holy Spirit

1. 본 문 Main Text

창세기 1:26 하나님이 이르시되 **우리의 형상을 따라 우리의 모양대로 우리가 사람을 만들고** 그들로 바다의 물고기와 하늘의 새와 가축과 온 땅과 땅에 기는 모든 것을 다스리게 하자 하시고 Then God said, "Let us make mankind in our image, in our likeness, so that they may rule over the fish in the sea and the birds in the sky, over the livestock and all the wild animals, and over all the creatures that move along the ground." **27 하나님이 자기 형상 곧 하나님의 형상대로 사람을 창조하시되** 남자와 여자를 창조하시고 So God created mankind in his own image, in the image of God he created them; male and female he created them.

에스겔 36:26 또 새 영을 너희 속에 두고 새 마음을 너희에게 주되 너희 육신에서 굳은 마음을 제거하고 부드러운 마음을 줄 것이며 I will give you a new heart and put a new spirit in you; I will remove from you your heart of stone and give you a heart of flesh. **27 또 내 영을 너희 속에 두어** 너희로 내 율례를 행하게 하리니 너희가 내 규례를 지켜 행할지라. And I will put my Spirit in you and move you to follow my decrees and be careful to keep my laws.

요한복음 14:16 내가 아버지께 구하겠으니 그가 **또 다른 보혜사를 너희에게 주사** 영원토록 너희와 함께 있게 하리니 And I will ask the Father, and he will give you another advocate to help you and be with you forever. **26** 보혜사 곧 아버지께서 내 이름으로 보내실 **성령 그가 너희에게 모든 것을 가르치고** 내가 너희에게 말한 모든 것을 생각나게 하리라. But the Advocate, the Holy Spirit, whom the Father will send in my name, will teach you all things and will remind you of everything I have said to you.

2. 제 목: 하나님의 형상회복과 성령의 사역
Restoration of God's image and the work of the Holy Spirit

3. 들어가는 말 Beginning Word

오늘 말씀의 주제는 "하나님의 형상을 회복하려면"이라는 주제입니다. The subject of today's Word is "To restore the image of God."

다른 말로 표현하자면 "하나님의 형상회복과 성령의 사역"이라는 제목으로 말씀을 함께 나누겠습니다.

In other words, I will share the message with you on the title "Restoration of God's image and the work of the Holy Spirit."

오늘 말씀은 매우 중요한 내용이니까 잘 들어주시기 바랍니다.
Today's message is very important.
So please listen carefully.

오늘 말씀을 통해서 하나님의 뜻을 이해하게 되는 은혜가 있기를 바랍니다. May you have the grace to understand God's Will through today's Word.

4. 설교내용 Preaching Word

하나님께서 사람을 하나님의 형상대로 창조하셨습니다.
God created mankind in the image of God.

창세기 1장 26절과 27절을 다시 한번 읽어봅시다.
Let's read Genesis chapter 1 verse 26 and 27 again.

창세기 1:26 하나님이 이르시되 **우리의 형상을 따라 우리의 모양대로 우**

리가 사람을 만들고 그들로 바다의 물고기와 하늘의 새와 가축과 온 땅과 땅에 기는 모든 것을 다스리게 하자 하시고 Then God said, "Let us make mankind in our image, in our likeness, so that they may rule over the fish in the sea and the birds in the sky, over the livestock and all the wild animals, and over all the creatures that move along the ground." **27 하나님이 자기 형상 곧 하나님의 형상대로 사람을 창조하시되** 남자와 여자를 창조하시고 So God created mankind in his own image, in the image of God he created them; male and female he created them.

"하나님이 자기 형상 곧 하나님의 형상대로 사람을 창조하시되"
"God created mankind in the image of God."

하나님의 형상이 무엇입니까? What is the image of God?

우리는 이 형상을 눈에 보이는 어떤 모양으로 생각하는 경우가 많습니다. We often think of this image as something visible to our eyes.

그렇게 생각해서는 안 된다는 것을 저는 말하고 싶습니다.
I would like to say that you should not think like that.

왜냐하면, 하나님은 눈에 보이지 않는 영이시기 때문입니다.
That is because God is an invisible Spirit.

그러므로 우리는 하나님을 우리 눈으로 볼 수 없습니다.
Therefore, we can not see God with our own eyes.

따라서 하나님의 형상대로 창조했다고 해서 눈에 보이는 어떤 모양을 생각하면 안 됩니다.
Therefore, just because we were created in the image of God, we should not think of any visible appearance.

눈에 보이는 형상이 아니라 하나님의 내면적인 형상입니다.
It is not the visible image, but the inner image of God.

그러면 내면적인 형상이란 무엇입니까?
Then, what is the inner image?

그것은 하나님의 성격과 성품을 의미합니다.
It means the character and quality of God.

예를 들면, 그것은 거룩함, 선하심, 의로우심, 진실하심, 신실하심, 사랑하심 등입니다. For example, that is holiness, goodness, righteousness, truth, faithfulness, and love, and so on.

이것뿐만 아니라, 하나님의 성격과 성품은 매우 많습니다. In addition to this, God's characters and qualities are numerous.

하나님은 사람을 만드실 때 하나님의 성품을 사람에게 주셨습니다. When God created mankind, God gave God's characters into mankind.

그러나 하나님의 성품 중에서 사람에게 주지 않은 성품도 있습니다. However, there are some of God's characters that were not given to mankind.

예를 들면 모든 것을 다 할 수 있는 전능하심, 모든 것을 다 알 수 있는 전지하심, 어디에서든지 동시에 있을 수 있는 무소부재하심 등입니다. For example, it is omnipotence that can do everything, omniscience that can know everything, and omnipresence that can be anywhere at the same time.

이런 것은 하나님만 가지고 계시는 하나님의 형상이며 하나님의 능력입니다. This is the image of God and the power of God that only God has. This is the image of God, not given to mankind.

이런 것을 제외하고 하나님께서 다음과 같은 것을 사람에게 주셨습니다.
Except these things, God gave to mankind as follows.

거룩한 마음, 선한 마음, 지혜로운 마음, 진실한 마음, 사랑하는 마음, 그리고 성실한 마음, 의로움 등, 이런 것들을 사람에게 주셨습니다. God gave mankind holy heart, good heart, wisdom, faithful heart, loving heart, and sincere heart, righteousness, and so on.

이런 것은 다 하나님으로부터 받은 성품인데 하나님께서 사람을 창조하실 때 이런 것을 사람에게 넣어주셨습니다.
These all are the characters and qualities received from God. When God created mankind, God gave

these things to mankind.

우리는 이런 것을 하나님의 형상이라 말합니다.
We say that this is the image of God.

우리 사람이 생긴 모양. 우리처럼 외관상으로 보이는 이 모양 말입니다. The appearance we look. This is what they look like on the outside.
눈, 귀, 코, 입, 머리, 팔, 손과 발, 다리, 몸. 사람은 다 이렇게 생겼지요?
Eyes, ears, nose, mouth, head, arms, hands and feet, legs and body. All people's body looks like this.

하나님이 사람을 이런 모양으로 만드셨기 때문에
하나님도 이런 모양이라고 생각해서는 안 됩니다.
Because God made mankind like this, we should not think that God also is like our feature.

사람은 누구나 하나님에 대해 궁금한 것이 많아요.
Everyone has many questions about God.
보이지 않는 하나님이니까 더 보고 싶어 하지요.

Since He is the invisible God, we want to see Him more and more.

하나님이 우리 같은 모양이든 어떤 모양이든 그것은 중요한 것이 아닙니다.
It does not matter whether God looks like us or not.

다시 말하면 외모가 중요한 것이 아니라는 것입니다.
In other words, God's appearance is not important for our life of faith.

그러나 중요한 것은 하나님의 성품이 어떠냐 하는 것이 중요하며 그 성품을 이해하는 것이 더 중요하다고 생각합니다.
But what is more important is what God's character is like. I think it is more important to understand his character and qualities.

사람은 하나님이 가지신 이런 성품들을 가지고 있어요.
We have these characters and qualities that God has.

하나님께서 사람을 창조하실 때 사람에게 주신 것이기 때문에 사람은 누구든지 하나님의 성품을 가지고 있습니다.
Because it was given by God when God created
mankind, everyone has God's characters and qualities.

그런데 첫 사람 아담이 죄를 범하면서 하나님의 형상이 더러워
졌습니다. However, when the first man, Adam, sinned,
God's image became corrupted.

하나님께서 주신 형상이 죄로 더러워졌고 변형되었고 변질되
었습니다. The image given by God has been deformed,
and corrupted by sin.

지금 우리는 하나님께서 주신 형상을 그대로 다 가지고 있지
못합니다. Now we do not have the same image as the
image that God gave us.

우리는 죄 때문에 변형되고 변질된 형상을 소유하고 있습니다.
We have a distorted image because of sin.

삐뚤어지고 찌그러지고 더럽혀지고 때 묻은 형상을 소유하고 있
습니다. We have a crooked, dented, dirty, and stained

image.

죄 때문에 사람의 형상은 변형되고 변질되고 더러워졌습니다.
Because of sin, the image of God in mankind has been
deformed, deteriorated, and defiled and corrupted.

사람에게 주신 하나님의 형상은 없어지지 않습니다.
The image of God given to mankind did not disappear.

하나님께서 사람을 창조하실 때 주셨기 때문에 없어지는 것은 아
닙니다. Because God gave it when God created mankind,
it does not disappear.

그런데 그 형상이 죄로 찌그러지고 더럽혀졌다는 것입니다.
However, God's image given to mankind was all
distorted and dirty because of sin.

이것이 아직도 우리에게 남아 있는 죄의 성품입니다.
This is the sinful nature that still remains with us.

그러니까 사람은 그 원래의 형상대로 살지 못하고 죄를 범하는

것입니다. Therefore, We can not live according to our original image and commit sins.

사람은 하나님께서 주신 형상대로 살지 못하고 자기 마음대로 자기 뜻대로 살고 있습니다. Men do not live according to God's image, but they we live according to their own will.

하나님께서 주신 형상이 아담의 죄 때문에 찌그러지고 변질되었습니다. God's image in mankind was distorted and corrupted because of Adam's sin.

하나님의 형상이 없어지지는 않지만 죄 때문에 더러워졌습니다. The image of God has not got lost, but has become corrupted because of sin.

사람의 내면의 모습이 변질되고 타락한 모습이 되었습니다. This is that a person's inner feature has become corrupted and transformed.

다시 말하자면, 죄 때문에 이렇게 더러워지고 변질되었다는 것입니다. In other words, it has become so dirty and corrupted because of sin.

죄가 근본적인 원인입니다.
The fundamental problem is sin.

그런데 하나님께서는 사람에게 주신 그 형상을 다시 회복하기
원하십니다. But God wants to restore the image of God
that God gave to mankind.

그러면 하나님의 형상은 어떻게 다시 회복할 수 있을까요?
Then, how can the image of God be restored?

더러워진 형상을 회복하기 위해서는 죄를 먼저 해결해야 합니다.
In order to restore the corrupted image, our sin must be
first resolved.

하나님께서는 우리를 하나님 보시기에 좋은 형상으로 회복시키
기 위해서 우리를 죄에서 구원해 주시고 죄를 용서해 주신 것입
니다. In order to restore us to a good image in His eyes,
God saved us from our sins and forgave us.

하나님께서 주신 형상을 원래대로 다시 회복시키기 위해서 하나님께서 예수 그리스도를 통해 우리를 죄에서 구원하셨습니다.
To restore God's image to its original state, God saved us from sin.

우리는 예수 그리스도를 믿음으로써 죄를 용서받고 구원받았습니다. We are forgiven of our sins and saved by believing in Jesus Christ.

그러므로 우리는 하나님의 형상이 회복된 사람입니다.
Therefore, we are the people whose image of God have been restored.

우리는 거듭남으로써 하나님의 형상이 회복되었습니다.
We have the image of God which was restored through being born again.

그러나 그 형상은 완전한 형상으로 회복된 것은 아닙니다.
But that is not perfect image.

우리는 죄를 용서받고 죄에서 구원받았습니다.

We were forgiven of our sins and saved from sin.

그러나 아직도 우리는 죄의 성품을 가지고 있습니다.
But we still have a sinful nature.

이것이 구원받은 우리가 여전히 죄를 범하는 이유입니다.
This is the reason why we who were saved, still commit
a sin.

그러므로 우리는 이 죄의 성품을 다듬어 가면서 점점 성화해야
합니다. Therefore, we must gradually become sanctified
by refining our sinful nature.

우리는 말씀과 기도로 계속 성화해야 합니다.
We must continue to be sanctified through God's Word
and our prayer.

이것은 우리가 평생 이루어야 하는 신앙의 과제입니다.
This is a task of faith that we must accomplish throughout
our lives.

이것은 우리의 힘만으로 가능한 것이 아닙니다.

This is not possible on our own alone.

우리에게는 하나님의 도움이 필요합니다.

We need God's help for that.

그러면, 구원받지 못한 사람은 또 어떻습니까?

Then, how about those who are not saved?

구원받지 못한 사람은 자기를 창조하신 하나님을 찾지도 않습니다. Men who are not saved do not seek God who created them.

하나님을 알려고도 하지 않고 또 하나님께 가까이 오려고도 하지 않습니다. They don't even try to know God or come closer to God.

사람들이 이렇게 하나님을 멀리하게 된 것은 다 죄가 원인입니다. The reason why men were separated from God like this is because of sin.

그러면 사람의 죄 문제를 해결하기 위해서 하나님은 무엇을 하셨습니까? Then, what did God do to solve the problem of man's sin?

하나님께서는 하나님이 주신 그 형상을 다시 회복시켜 주려고 하십니다. God is trying to restore God's image that God gave to man.

죄인된 사람을 죄에서 구원하려고 하신 것입니다.
God wants to save sinners from their sins.

사람의 죄를 대속해 주시려고 하나님의 아들이 육체를 입고 이 세상에 오신 것입니다. To atone for man's sins, the Son of God came into this world in the flesh.

하나님의 아들이 육체를 입고 이 세상에 오신 것은 사람의 죄를 해결해 주기 위함이었습니다.
The reason why the Son of God came into this world in the flesh was to solve man's sin.

그분은 인간의 죄를 대속하려고 자기 몸을 속죄 제물로 바친 것입니다. He offered himself as a sin offering to atone for human sins.

그분이 누구입니까? Who is He?

그분은 바로 하나님의 아들, 예수 그리스도입니다.
He is our Lord Jesus Christ, the Son of God.

하나님의 아들, 예수님은 자기를 죽여 하나님께 화목 제물로 드렸습니다. Jesus, the Son of God, offered himself as a peace offering to God.

그래서 그분은 자신이 대신 죽음으로써 하나님과 원수 되었던 사람을 하나님과 화목하게 해 주셨습니다.
So by His death, He reconciled to God, those who were enemies of God.

예수 그리스도는 사람이 하나님과 화목하게 되는 유일한 길입니다. Jesus Christ is the only way for sinners to be reconciled to God.

그러므로 누구든지 예수 그리스도를 믿으면 하나님은 죄를 씻어 주시는 것입니다. Therefore, if they believe in Jesus Christ, God will wash away their sins.

죄로 얼룩진 하나님의 형상이 씻어져서 깨끗하게 회복되는 것입니다. The image of God stained by sin is washed away and restored to purity.

하나님의 형상이 회복될 때 죄인이 하나님 앞으로 나올 수 있는 것입니다. When the image of God is restored, sinners are able to come before God.

이것은 예수 그리스도를 믿음으로만 가능한 것입니다.
This is possible only through believing in Jesus Christ.

그리고 죄인은 하나님의 형상이 회복되면 하나님 앞에 나올 수 있게 됩니다. When the sinners are restored to God's image, they are able to come before God.
회복된 사람은 하나님과 교제하고 하나님을 예배할 수 있게 됩니다. The restored men can have fellowship with God and worship God.

하나님의 형상이 회복되면 사람은 하나님을 만나고 싶어지고 하나님을 찾게 됩니다. When the image of God is restored, they want to meet God and seek God.

또 하나님을 의지하게 되고 하나님께 찬송과 영광을 돌리게 되는 것입니다. Also, they come to rely on God and give praise and glory to God.

그들은 하나님의 말씀을 듣고 싶어지고 하나님의 말씀대로 살고 싶어집니다. They want to hear the Word of God and live according to God's Word.

그들은 하나님이 원하시는 바가 무엇인지를 알고 싶어집니다. They want to know what God wants.

그들은 하나님이 원하시는 뜻대로 살고 싶어지는 것입니다. They want to live according to the Will of God.

이것은 죄 씻음을 받고 하나님의 형상을 회복했을 때 가능한 것입니다. This is possible when sins are washed away and God's image is restored.

죄 씻음을 받지 않으면 결코 하나님의 형상은 회복되지 않는 것입니다. If sins are not washed away, the image of God will never be restored.

그런데 사람으로서는 스스로 이 죄 문제를 해결할 수가 없어요. However, men can not solve their sins on their own effort.

왜 그렇습니까? Why is that so?

사람은 죄를 범하는 죄인이기 때문에 그런 것입니다.
This is because men are the sinners who commit sins with sinful nature.

죄인은 하나님의 형상을 회복하기 위해서 죄를 반드시 용서받아야 합니다. Sinners must be forgiven for their sins in order to restore the image of God.

누구든지 예수 그리스도를 믿으면 죄를 용서받습니다.
Whoever believes in Jesus Christ will be forgiven of sin.

그러나 하나님이 주신 형상이 원래 형상대로 완전하게 회복되지는 않습니다. However, the image given by God is not completely restored to its original form.

왜냐하면, 믿음으로 죄 용서를 받고 죄의 책임을 면제받았지만 죄로 얼룩진 성품이 완전하게 회복된 것은 아니기 때문입니다. Because our sin-stainted nature is not completely restored, although we are forgiven of our sins through faith.

예수 그리스도를 믿으면 죄 용서를 받고 구원받고 심판과 형벌은 면합니다. If we believe in Jesus Christ, we are forgiven of our sins, and saved, and free from judgment and punishment.

그러나 우리 안에 새겨진 죄의 성품은 완전히 없어지지는 않습니다. But the sinful nature engraved within us does not completely disappear.

이것이 믿음으로 죄 씻음을 받은 하나님의 자녀가 또다시 죄를 범하는 이유입니다. This is the reason why children of God who have been cleansed by faith commit a sin again.

다시 말하면, 예수 그리스도께서 우리 죄를 대신 속죄해 주셨기 때문에 우리는 믿음으로 죄에 대한 책임과 죄의 대가를 면제받습니다. In other words, because Jesus Christ atoned for our sins on our behalf, we are free from the responsibility and the penalty for sin through faith.

그러나 죄로 물든 죄의 성품까지 없어지지는 않는다는 것입니다. However, the sinful nature that is stained with sin does not disappear.

이 죄의 성품 때문에 구원받은 사람도 죄를 범하는 경우가 있는 것입니다. Because of this sinful nature, even those who are saved can still commit sins.

우리는 예수 그리스도를 믿음으로 우리가 지은 죄를 다 용서받 았습니다. We have received forgiveness of all our sins by believing in Jesus Christ.

또 우리는 앞으로 지을 죄까지 다 용서를 받는 자로 확정된 사람입니다. We have been confirmed as those who will be forgiven of all the sins that we will commit in the future.

그러나 우리 안에 있는 죄성 때문에 우리는 지금도 죄를 범하고 있는 것입니다. But because of the sinful nature within us, we still sin.

누구든지 죄를 범하면 죄인이라고 말하지요?
Whoever commits a sin is called a sinner?
예외가 어디 있겠습니까? There are no exceptions.

그러나 하나님께서는 믿는 자들을 이미 의롭다고 인정해 주셨기 때문에 우리는 하나님에 의해 의롭다고 인정을 받은 사람이 되는 것입니다. However, since God has already declared the believers righteous, we become the people who are declared righteous by God.

여러분이나 저는 하나님으로부터 의롭다고 인정을 받은 하나님의 자녀입니다. You and I are children of God who have been counted as the righteous by God.

그러나 우리는 다시는 죄를 범하지 않을 완전한 의인이 된 사람은 아닙니다. However, we are not perfect righteous men who will never sin again.

우리는 예수 그리스도를 믿음으로 의롭다고 인정받은 사람이기 때문에 죄의 책임은 없어졌습니다.
Because we are justified by faith in Jesus Christ, we are free from responsibility for sin.

로마서 6:23절에서 "죄의 삯은 사망"이라고 말씀하고 있습니다.
Romans 6:23 says, "The wages of sin is death."

그러나 우리는 믿음으로 의롭다고 인정받았기 때문에 심판받지 않습니다. But we are not judged and punished, because we are justified by faith.

우리는 더 이상 과거의 죄로 괴로워할 필요도 없습니다.
We no longer need to be troubled by our past sins.

왜냐하면, 죄의 대가는 예수 그리스도를 믿는 믿음으로 없어졌기 때문입니다. It is because the wages of sin has already been paid through faith in Jesus Christ.

우리는 과거에 우리가 범한 죄뿐만 아니라 미래에 우리가 범할 죄에 대한 책임까지도 없어진 것입니다.
We are free from responsibility not only for the sins we have committed in the past, but also for the sins we will commit in the future.

왜 그렇습니까? Why is that so?

그것은 예수님이 우리 대신에 자기 몸으로 죄의 대가를 이미 갚았기 때문입니다. That is because Jesus paid already the wages of sin by his death on our behalf.

죄의 대가는 사망이며 형벌인데 예수님이 자기 몸으로 우리 대신에 사망과 형벌을 받았습니다. The wages of sin is death and punishment. But Jesus took away death and punishment on our behalf by his death.

이것이 우리를 위한 예수님의 속죄의 죽음이며 대속의 죽음입니다. This is Jesus' atoning death for us.

그런데 왜 우리는 계속해서 죄를 범하는 것입니까?
Why do we continue to commit a sin?

그것은 아담의 죄 때문에 가지게 된 죄의 성품이 남아 있기 때문입니다. This is because the sinful nature that we received because of Adam's sin still remains in us.

이 죄성은 하나님께서 사람을 창조할 때 넣어준 하나님의 형상이 아닙니다. This sinful nature is not the image of God that God gave in mankind when creating.

아담이 창조되었을 때는 이런 죄의 성품을 가지고 있지 않았습니다. When Adam was created, he did not have this sinful nature.

그러나 아담은 사탄의 유혹을 받아서 하나님 앞에서 죄를 범했습니다. However, Adam was tempted by Satan and sinned before God.

사람의 죄의 성품은 이때부터 생긴 것입니다.
Man's sinful nature began from this time.

죄 때문에 하나님께서 주신 하나님의 형상이 더러워지고 삐뚤어진 것입니다. Because of sin, the image of God given by God has become corrupted and distorted.

하나님은 사람에게 만물을 다스릴 자유 의지를 주셨습니다. God gave the Free Will to mankind to rule over all things.

그런데 아담은 자유 의지를 남용해서 죄를 범한 것입니다. But Adam committed a sin by abusing his Free Will.

따라서 죄의 성품은 아담이 죄를 범하고 난 뒤에 생긴 것입니다. Therefore the sinful nature came into mankind after Adam committed a sin.

우리는 예수 그리스도를 믿음으로 죄를 용서받은 사람입니다. We are those who have been forgiven of our sins by believing in Jesus Christ.

그러나 하나님의 형상이 완전하게 회복된 것은 아닙니다. But the image of God was not completely restored.

우리가 지금 가지고 있는 하나님의 형상은 불완전하게 회복된 형상입니다. The image of God we have now, is an incompletely restored image.

이것이 바로 우리에게 남은 죄의 성품입니다.
This is the sinful nature that remains in us.

예수 그리스도를 믿음으로 의롭다고 인정된 사람이라 하더라도 죄 때문에 하나님의 형상이 더럽게 되었으며 변형되고 변질되었어요. Even though we are counted righteous by faith in Jesus Christ, the image of God is defiled, deformed, and corrupted because of sin.

그러니까 우리는 죄의 성품으로 의인의 삶을 살 수 없으므로 하나님은 우리 믿음을 보시고 우리를 의롭다고 인정해 주신 것입니다. So, since we can not live a righteous life with our sinful nature, God sees our faith and credited us as righteousness.

우리는 의인으로 인정받았으면서도 여전히 죄를 범하고 있는 것입니다. Even though we are considered righteous, we still commit a sin.

그러나 우리는 의롭다고 인정을 받은 사람이기 때문에 의롭게 살아야 합니다. However, since we are justified by faith we must live righteously.

그러므로 우리 자신은 완전한 의인이 아니라는 것을 우리가 알아야 합니다. Therefore, we must know that we ourselves are not completely righteous.

우리는 교만하지 말아야 합니다.
We must not be arrogant.
우리는 죄 범한 자를 손가락질하거나 정죄하지 말아야 합니다.
We should not condemn those who commit a sin.

우리도 방심하면 죄의 성품 때문에 죄를 범할 수도 있기 때문입니다. Because we too can commit a sin due to the sinful nature within us.

이 죄의 성품 때문에 우리는 작든 크든 죄를 범하고 있습니다.
Because of this sinful nature, we commit sins, whether

big or small.

지금도 우리는 죄를 범하는 죄인의 모습을 가지고 있습니다.
It means that we still have the appearance of sinners who commit sins.

그리고 이 죄성은 우리가 예수 그리스도를 믿기 전에는 굉장히 강했습니다. And this sinful nature was very strong before we believed in Jesus Christ.

예수 그리스도를 믿기 전에는 죄의 성품이 굉장히 강합니다.
Before believing in Jesus Christ, the sinful nature was so strong.

따라서 구원받지 못한 사람은 죄를 범하면서도 죄책감을 느끼지 못하는 것입니다. Those who were not saved did not feel guilty, even when they committed sins.

우리는 죄책감을 느끼지 못하는 사람들과는 다른 사람입니다.
We are different from the persons who don't feel guilty.

우리는 죄를 죄로 깨닫고 죄를 범하지 않으려고 노력하는 사람입니다. We are the persons who know our sin as sin and try not to commit a sin.

우리는 죄를 범하면 하나님 앞에 고백하고 회개하는 사람입니다. We are the persons who confess and repent before God when we commit a sin.

회개는 다시 그런 죄를 범하지 않겠다고 고백하면서 참회하는 것입니다.
Repentance is repenting with a sorrowful heart and a determined mind not to commit the sin again.

우리는 우리의 노력으로 이 죄의 성품을 해결할 수 없습니다.
We can not overcome this sinful nature through our own efforts alone.

왜냐하면, 우리는 여전히 우리 안에 죄의 성품을 가지고 있기 때문입니다.
Because we still have the sinful nature within us.

우리는 하나님의 도움 없이는 죄의 성품을 해결할 수 없습니다.
We can not overcome our sinful nature without God's
help.

그러면 죄의 성품을 가지고 있는 우리를 위해 하나님은 무엇을 하고 계십니까? Then, what is God doing for us who
have a sinful nature?

우리는 믿음으로 하나님으로부터 의롭다고 인정을 받은 사람
입니다. We are justified by God through faith in Jesus
Christ.

그러므로 우리는 의로운 자로 살려고 노력해야 합니다.
Therefore, we must naturally strive to live as righteous
people.

세상에는 우리를 유혹하는 것들이 너무나 많습니다.
There are so many things in the world that tempt us.
세상의 모든 것이 다 우리를 유혹하고 있습니다.
Everything in the world is tempting us.

사탄은 하나님의 자녀들을 여러 방법으로 죄를 범하게 만듭니다.
Satan causes God's children to sin in many ways.
더구나 마귀는 우는 사자와 같이 삼킬 자를 두루 찾아다니고 있습니다. Moreover, the devil prowls around like a roaring lion, seeking someone to devour.

그런데 우리가 의롭게 살려고 해도 우리 힘으로 가능하던가요?
But even if we try to live righteously, is it possible to do so with our own efforts?
다 경험하는 일이지만 하나님의 형상대로 산다는 것이 어렵지 않습니까? We all experience this, but isn't it difficult to live in the image of God?

하나님은 우리를 하나님의 형상대로 살도록 무엇을 하셨습니까?
What did God do to make us live in God's image?

예수님은 우리를 고아와 같이 버려두지 않겠다고 말씀하셨습니다. Jesus said he would not leave us as orphans.

하나님께서는 우리를 죄 가운데 버려두지 아니하시고 성령을 보내주셨습니다. God did not leave us in our sins, but sent us the Holy Spirit.

요한복음 14장 16절~18절을 읽어봅시다.
Let's read together John 14:16-18.

요한복음 14:16 내가 아버지께 구하겠으니 그가 **또 다른 보혜사를 너희에게 주사 영원토록 너희와 함께 있게 하리니** And I will ask the Father, and he will give you another advocate to help you and be with you forever. **17** 그는 진리의 영이라 세상은 능히 그를 받지 못하나니 이는 그를 보지도 못하고 알지도 못함이라 그러나 너희는 그를 아나니 그는 너희와 함께 거하심이요 또 너희 속에 계시겠음이라. the Spirit of truth. The world cannot accept him, because it neither sees him nor knows him. But you know him, for he lives with you and will be in you. **18** 내가 너희를 고아와 같이 버려두지 아니하고 너희에게로 오리라. I will not leave you as orphans; I will come to you.

예수님은 왜 우리를 고아라고 말씀하셨습니까?
Why did Jesus call us the orphans?

고아는 홀로 사는 아이이며 혼자 힘으로는 세상을 이길 수 없는 사람입니다. The orphan is the child who lives alone and can not overcome the world on his own alone.

고아는 혼자 힘으로는 죄의 유혹을 이길 수 없는 사람입니다.

The orphan is the one who can not overcome the temptation of sin on his own effort.

따라서 예수님은 우리를 그냥 버려두지 않고 보혜사 성령을 보내주겠다고 약속하셨습니다.

Therefore, Jesus promised not to abandon us but to send us the Holy Spirit, the Counselor, the Helper.

예수님은 성령을 통해서 우리와 영원토록 함께하시겠다고 약속하셨습니다. Jesus promised to be with us forever through the Holy Spirit.

그래서 우리가 예수 그리스도를 믿음으로 의롭다고 인정을 받았을 때 우리의 뜻과 상관없이 우리 안에 성령이 들어오십니다.

So, when we are justified by faith in Jesus Christ, the Holy Spirit comes into us regardless of our will.

성령님은 왜 우리 안에 들어오신 것입니까?

Why did the Holy Spirit come into us?

이것은 하나님께서 우리를 하나님의 형상대로 살도록 하기 위함이지요.

This is so that God can make us live in His image.

우리 안에 들어오신 성령이 우리를 의롭게 살도록 가르쳐 줍니다. The Holy Spirit who comes into us teaches us to live righteously.

성령은 우리를 깨닫게 해주시고 또 책망도 하시고 회개하게 하십니다. The Holy Spirit makes us aware and reprove, and repent.

또 우리에게 하나님의 말씀을 듣게 하시고 하나님의 말씀을 깨닫게 만드십니다. The Holy Spirit also makes us hear the Word of God and makes us understand God's Word.

성령은 하나님의 말씀에 비추어 우리를 우리 자신의 잘못된 모습을 보게 합니다. The Holy Spirit shows us our own faults in the light of God's Word.

하나님의 말씀에 비추어 우리를 회개하게 만드는 분이 성령입니다. And the Holy Spirit makes us repent in the light of God's Word.

성령은 우리를 가르쳐서 하나님을 더 잘 알게 해주시는 하나님입니다. The Holy Spirit is God who teaches us and helps us know God better.

성령은 우리를 가르쳐서 예수 그리스도를 더 잘 알게 해주시는 분입니다. The Holy Spirit is the One who teaches us and helps us to know Jesus Christ better.

또 성령은 우리에게 우리 자신을 잘 알게 해주시는 하나님입니다. The Holy Spirit is also God who helps us to know ourselves better.

성령은 우리에게 잘못된 것을 깨닫게 하시고 올바른 것을 알게 해주십니다. The Holy Spirit makes us realize what is wrong and what is right.

그리고 우리를 바르게 살도록 해주시는 분이 우리 안에 계신 성령입니다. And the One who enables us to live righteously is the Holy Spirit who works within us.

다시 말하자면 우리를 거룩하게 살게 만드는 분이 성령이라는 것입니다. In other words, it is the Holy Spirit who makes us live the holy lives.

우리를 하나님과 더 친밀한 관계를 유지하도록 해주시는 분이 성령입니다. The Holy Spirit is the One who enables us to have a more intimate relationship with God.

성령은 우리의 성품을 하나님의 형상과 같이 다듬어주십니다. The Holy Spirit restores our character according to the image of God.

우리는 성령의 인도하심에 따라 하나님의 형상이 점점 회복되는 것입니다. We are being increasingly refined to the image of God under the guidance of the Holy Spirit.

우리가 성령을 쫓아서 행하면 하나님의 형상을 회복할 수 있는 것입니다. If we follow the Holy Spirit, we can be restored to the image of God.

그러면 이런 일을 해주시는 성령은 언제 우리 안에 들어오시는 겁니까? Then, when does the Holy Spirit come into us?

성령은 우리가 예수 그리스도를 믿고 오래된 후에 들어오는 것이 아닙니다. The Holy Spirit does not come to us long after we have believed in Jesus Christ.

성령은 우리 믿음이 자라고 난 후에 비로소 우리 안에 들어오시는 것이 아닙니다. The Holy Spirit does not come into us only after our faith has grown.

우리는 성령의 도움으로 복음을 들을 때 회개할 수 있게 되고 예수 그리스도를 믿을 수 있게 됩니다. When we hear the Gospel with the help of the Holy Spirit, we are able to repent and believe in Jesus Christ.

우리가 예수 그리스도를 믿을 때 성령은 우리 안에 들어오시는 것입니다. When we believe in Jesus Christ, the Holy Spirit comes into us.

예수 그리스도를 믿음으로 죄 사함을 받고 의롭다 하심을 인정받았을 때 성령은 믿는 자의 의사와 상관없이 즉시 그에게 들어 오시는 것입니다. When a person believes in Jesus Christ and receives forgiveness of sins and admitted righteous, the Holy Spirit comes immediately into him, regardless of his own will.

갈라디아서 3:2절을 읽어봅시다. Let's read Galatians 3:2.

갈라디아서 3:2 내가 너희에게서 다만 이것을 알려 하노니 너희가 성령을 받은 것이 율법의 행위로냐 혹은 듣고 믿음으로냐 I would like to learn just one thing from you: Did you receive the Spirit by the works of the law, or by believing what you heard?

언제 우리가 하나님으로부터 의롭다고 인정받는 것입니까? When is it that we are counted as the righteous by God?

누구든지 예수 그리스도를 믿을 때 의롭다고 인정을 받습니다. Anyone who believes in Jesus Christ is credited as righteousness.

로마서 3장 28절을 읽어봅시다. Let's read Romans 3:28.

로마서 3:28 그러므로 사람이 의롭다 하심을 얻는 것은 율법의 행위에 있지 않고 믿음으로 되는 줄 우리가 인정하노라. For we maintain that a person is justified by faith apart from the works of the law.

우리는 의롭다고 인정을 받았기 때문에 하나님의 자녀가 되었습니다. We became children of God because we have been declared righteous by God.

그러므로 우리는 하나님이 원하시는 대로 의롭게 살아야 합니다. Therefore, we must live righteously as God wants us to.

다시 말하자면 하나님께서 주신 형상대로 거룩하게 살아야 합니다. In other words, we must live holy lives in the image that God gave to us.

그런데 우리에게는 죄의 성품이 있으므로 그렇게 살지 못하고 있습니다. But we can not live like that because we still have a sinful nature.

그러므로 우리가 회개하는 믿음으로 의롭다고 인정받을 때 하나님은 성령을 선물로 우리에게 보내주시는 것입니다. Therefore, when we are justified by believing in Jesus Christ, God sends us the Holy Spirit as a gift.

우리는 좋은 일을 많이 해서 성령을 받는 것이 아닙니다. We can not receive the Holy Spirit just by doing good.

그리고 믿음이 많이 자랐기 때문에 성령을 받는 것이 아닙니다. We can not receive the Holy Spirit because our faith has grown greatly. 우리가 기도를 많이 했기 때문에 성령을 받는 것이 아닙니다. We do not receive the Holy Spirit because we pray hard.

거듭 말하지만, 누구든지 예수 그리스도를 믿을 때 성령을 받는 것입니다. I repeat, whoever believes in Jesus Christ receives the Holy Spirit.

왜 하나님은 믿는 자에게 성령을 보내주십니까? Why does God send the Holy Spirit to those who believe in Jesus Christ?

우리가 의롭게 살도록 하나님은 우리 안에 성령을 보내주신 것입니다. God sent the Holy Spirit into us so that we can live righteously.

우리 자신이 의롭다고 인정받았다고 하더라도 우리 안에 있는 죄의 성품 때문에 우리는 의롭게 살 수 없습니다.
Even if we are acknowledged as the righteous, we can not live righteously because of the sinful nature within us.

하나님은 우리가 의롭게 살기를 원하고 계십니다.
God wants us to live righteously.

따라서 우리의 믿음을 지키고 의롭게 살 수 있도록
하나님은 우리가 믿을 때 성령을 보내주신 것입니다.
Therefore, God sent us the Holy Spirit to keep our faith and live righteously when we believed in Jesus.

성경은 "회개하고 믿는 자에게 성령을 선물로 주신다."고 말씀합니다. The Bible says, "God gives the gift of the Holy

Spirit to those who repent and believe in the name of
Jesus Christ."

사도행전 2장 38절을 읽어봅시다. Let's read Acts 2:38.

사도행전 2:38 베드로가 이르되 너희가 회개하여 각각 예수 그리스도의 이
름으로 세례를 받고 죄 사함을 받으라. 그리하면 성령의 선물을 받으리니
Peter replied, "Repent and be baptized, every one of you, in the
name of Jesus Christ for the forgiveness of your sins. And you
will receive the gift of the Holy Spirit."

이 구절에서 "성령의 선물"이라는 표현이 있습니다.
In this verse there is an expression, "the gift of the
Holy Spirit."

이것은 "성령이 주시는 선물"이 아니고 "성령이라는 선물"을
의미합니다. This is not the gift given by the Holy Spirit,
but the gift means "the Holy Spirit."

하나님께서 믿을 때 주시는 선물이 성령이라는 것입니다.
The gift that God gives us when we believe is the

promised Holy Spirit.

에베소서 1:13절을 읽어봅시다. Let's read Ephesians 1:13.

에베소서 1:13 그 안에서 너희도 진리의 말씀 곧 너희의 구원의 복음을 듣고 그 안에서 또한 **믿어 약속의 성령으로 인치심**을 받았으니 And you also were included in Christ when you heard the message of truth, the gospel of your salvation. When you believed, you were marked in him with a seal, the promised Holy Spirit,

"너희가 믿을 때 그리스도 안에서 **약속된 성령**으로 인치심을 받았으니" "When you believed, you were marked in Christ with a seal, the promised Holy Spirit"

우리가 믿을 때 하나님은 성령을 선물로 주시는 것입니다.
When we believe, He gives us the Holy Spirit as a gift.

우리는 모두 예수 그리스도를 영접한 믿음으로 성령을 선물로 받았습니다. We all received the gift of the Holy Spirit through our faith in Jesus Christ.

누구든지 예수 그리스도를 믿는 사람 안에는 다 성령이 계십니다. Everyone who believes in Jesus Christ has the Holy Spirit in him.

우리가 좋은 일을 많이 해서 성령을 받은 것이 아닙니다. It is not that we received the Holy Spirit because we did many good things.

예수님을 나의 주, 나의 하나님으로 믿었기 때문에 성령을 받은 것입니다. We received the Holy Spirit because we believed in Jesus as my Lord and my God.

우리의 믿음을 끝까지 지키도록 하나님은 우리 안에 성령을 보내주신 것입니다. God sent the Holy Spirit in us to help us to keep our faith to the end.

우리를 의롭게 살도록 하나님께서 믿는 자에게 성령을 보내주신 것입니다. God sent the Holy Spirit in believers so that they can live righteously.

그래서 예수 그리스도를 믿는 모든 사람 안에는 성령이 계시는 것입니다. So, the Holy Spirit is in everyone who believes in Jesus Christ.

저나 여러분이나 모두 마찬가지입니다.
It's the same for me and for you.

성령은 우리 속사람을 능력으로 강하게 하십니다.
The Holy Spirit strengthens our inner being with power.
성령은 우리의 믿음을 강하게 해주십니다.
The Holy Spirit strengthens our faith.

성령은 우리 안에 있는 하나님의 형상을 회복시켜 주십니다.
The Holy Spirit restores the image of God within us.

성령은 우리가 하나님의 형상대로 살 수 있도록 해주십니다.
The Holy Spirit enables us to live in accordance with the image of God.

에베소서 3:16절을 읽어봅시다. Let's read Ephesians 3:16.

에베소서 3:16 그의 영광의 풍성함을 따라 **그의 성령으로 말미암아** 너희 속사람을 능력으로 강건하게 하시오며 I pray that out of his glorious riches he may strengthen you with power **through his Spirit** in your inner being,

성령이 주시는 능력으로 우리의 속사람이 날마다 새롭게 됩니다. Our inner being is renewed day by day by the power of the Holy Spirit.

성령이 주시는 능력으로 우리의 무너진 형상이 점점 다듬어져 갑니다. Our corrupted image is being refined more and more through the power of the Holy Spirit.

우리의 속사람이란 무엇입니까? What is our inner being?

속사람은 죄로 변질된 하나님의 형상입니다.
The inner being is the image of God, corrupted by sin.

왜냐하면, 속사람은 우리의 마음이며 우리의 인격과 인품이기 때문입니다. Because the inner being is our heart, our character and our personality.

성령은 신자에게 들어오셔서 하나님의 형상을 날마다 새롭게 해 주십니다. The Holy Spirit in the believers renews the image of God in them every day.

우리는 우리 안에 계신 성령을 따라서 사는 것이 중요합니다. It is important that we live according to the Holy Spirit within us.

갈라디아서 5:16절을 읽어봅시다. Let's read Galatians 5:16.

갈라디아서 5:16 내가 이르노니 너희는 **성령을 따라 행하라** 그리하면 육체의 욕심을 이루지 아니하리라. So I say, **walk by the Spirit,** and you will not gratify the desires of the flesh.

우리가 성령을 따라 살면 육체의 욕심에 관심을 가지지 않게 됩니다. If we live by the Holy Spirit, we will not be concerned with the desires of the flesh.

우리가 성령을 의지하면 의지할수록 성령께서 우리를 의롭게 살도록 도와주십니다. The more we rely on the Holy Spirit, the more He helps us live righteously.

성령은 우리를 의롭게 살도록 우리 안에 들어오셨습니다.
The Holy Spirit came into us to make us righteous.

성령은 우리를 하나님의 뜻대로, 하나님의 말씀대로 살도록 도와주십니다. The Holy Spirit helps us live according to God's Will and God's Word.

우리가 성령을 많이 의지할수록 의롭게 살 수 있는 능력을 많이 받습니다. The more we rely on the Holy Spirit, the more power we receive to live righteously.

그런데 성령이 내 안에 계시는데도 불구하고 내가 성령을 의지하지 않고 내 생각대로 내 마음대로 내 뜻대로 살려고 하면 우리는 거룩하게 살도록 하는 성령의 능력을 힘입지 못합니다.
However, even though the Holy Spirit is in us, if we do not rely on the Holy Spirit, we will live according to our own thoughts and our own will.
Then we can not receive the power of the Holy Spirit.

우리는 성령을 온전히 의지하여 성령의 능력을 많이 받아야 합니다. We must rely completely on the Holy Spirit to receive much of His power.

그렇게 하면 우리는 성령의 능력으로 의롭게 살 수 있는 것입니다. In this way, we can live righteously by the power of the Holy Spirit.

누구든지 하나님의 형상을 회복하려면 예수 그리스도를 먼저 믿어야 합니다. Whoever wants to restore the image of God, must believe in Jesus Christ first.

우리가 하나님의 형상을 온전히 회복하려면 늘 성령 안에서 살아야 합니다. If we want to fully restore the image of God, we must always live in the Holy Spirit.

우리는 무엇을 하든지 성령을 통해서 하려고 힘써야 합니다. Whatever we do, we must strive to do it through the Holy Spirit.

자기 생각과 자기 뜻대로 살면 하나님의 형상을 충분히 회복할 수 없습니다. If we live according to our own thoughts and will, we can not fully restore the image of God.

자기 생각과 자기 뜻을 다 내려놓고 성령께 모든 것을 의지해야 합니다. We must put aside all our own thoughts and our own will. And we must rely on the Holy Spirit whatever we do.

그렇게 하면 거룩하게 살게 하시는 성령의 능력이 우리에게 나타나는 것입니다.
In this way, the power of the Holy Spirit who enables us to live holy lives, is revealed to us.

이렇게 되기 위해서 우리는 성령 안에서 열심히 기도해야 합니다. For this, we must pray earnestly in the Holy Spirit. 성령을 이미 받은 사람으로서 무시로 기도해야 합니다.
As the believers who have already received the Holy Spirit, we must pray without ceasing.

누구든지 회개하고 예수 그리스도를 믿으면 성령을 받습니다.
Whoever repents and believes in Jesus Christ, surely receives the Holy Spirit.

예수 그리스도를 믿음으로 성령을 받은 사람만이 기도할 수 있습니다. Only those who received the Holy Spirit by believing in Jesus Christ can pray to God.

우리는 성령을 받았기 때문에 하나님의 말씀을 보게 되는 것입니다. Because we received the Holy Spirit, we can see the Word of God.

우리는 성령을 받았기 때문에 하나님의 말씀을 깨달을 수 있는 것입니다. We can understand the Word of God because we received the Holy Spirit.

우리는 성령을 받았기 때문에 하나님의 말씀대로 살려고 애를 쓰게 되는 것입니다.
We become to strive to live according to God's Word because we received the Holy Spirit.

우리는 믿음으로 성령을 받았기 때문에 하나님의 말씀대로 살 수 있습니다. We can live according to God's Word because we received the Holy Spirit by faith.

이것이 우리 안에 있는 성령의 소욕입니다.

This is the desire of the Holy Spirit within us.

우리는 성령을 의지하면 할수록 성령의 소욕이 더 강해집니다. The more we rely on the Holy Spirit, the stronger the desire of the Holy Spirit becomes within us.

다시 말하자면, 누구든지 예수 그리스도를 믿지 않으면 성령을 받을 수 없습니다. Speaking again, anyone who does not believe in Jesus Christ can not receive the Holy Spirit.

누구든지 성령을 받지 않은 사람은 하나님을 알 수도 없습니다. Anyone who did not receive the Holy Spirit can not know God.

누구든지 성령을 받지 않은 사람은 하나님께 기도할 수 없습니다. Anyone who did not receive the Holy Spirit can not pray to God.

누구든지 성령을 받지 않은 사람은 하나님의 뜻을 알 수도 없습니다. Anyone who did not receive the Holy Spirit can not know God's Will.

누구든지 성령을 받지 않은 사람은 하나님의 말씀을 깨달을 수도 없습니다. Anyone who did not receive the Holy Spirit can not understand the Word of God.

누구든지 성령을 받지 않은 사람은 하나님의 인도하심도 받지 못합니다. Anyone who did not receive the Holy Spirit does not receive God's guidance.

누구든지 성령을 받지 않은 사람은 하나님 앞에 가까이 갈 수 없습니다. Anyone who did not receive the Holy Spirit can not come near to God.

누구든지 성령을 받지 않은 사람은 거룩하게 살 수도 없습니다. Anyone who did not receive the Holy Spirit can not live a holy life.

누구든지 성령을 받지 않은 사람은 하나님의 형상대로 살 수 없습니다. Anyone who did not receive the Holy Spirit can not live according to the image of God.

그래서 성령을 받은 사람만이 이런 것이 가능합니다. So only

those who did receive the Holy Spirit can do this.

그러나 성령을 얼마나 많이 의지하느냐에 따라서 사람마다 다를 것입니다. However, it will be different for each believer depending on how much they rely on the Holy Spirit.

우리가 성령을 온전히 의지하면 성령의 능력을 크게 힘입을 수 있습니다. If we rely completely on the Holy Spirit, we can greatly benefit from His power.

하나님의 말씀과 기도로 우리는 거룩해지는 것입니다.
We become holy through God's Word and prayer.

우리는 성령을 의지하여 성령을 통해서 하나님의 말씀을 볼 수 있습니다. We can see the Word of God through the Holy Spirit by relying on the Holy Spirit.

우리는 성령을 의지하여 성령을 통해서 하나님께 기도할 수 있습니다. We can pray to God through the Holy Spirit, by relying on the Holy Spirit.

거듭 말하지만, 우리에게 성령의 능력이 많이 나타나면 하나님의 형상대로 살 수 있습니다. Speaking again, when the power of the Holy Spirit is greatly manifested in us, we can live according to the image of God.

우리가 세상을 이기기 위해서 우리가 해야 할 일이 있습니다. We must do first one thing to overcome the world.

우리가 세상의 죄악과 유혹을 물리치기 위해서 우리가 해야 할 한 가지 일이 있습니다. There is one thing we must do first to overcome the sins and temptations of the world.

또 우리가 세상에서 의롭게 살기 위해서 우리가 해야 할 한 가지 일이 있습니다. There is also one thing we must do first to live righteously in the world.

우리가 세상에서 받은 온갖 고통과 괴로움을 이기기 위해서 우리가 먼저 해야 할 일이 있습니다. In order to overcome all the pain and suffering we receive from the world, there is one thing we must do first.

우리는 성령 충만함을 받아야 합니다.
We must be filled with the Holy Spirit.

믿음으로 성령을 받은 우리는 성령의 능력을 추가로 더 받아야
합니다. We who received the Holy Spirit by believing in
Jesus Christ, must additionally receive the power of the
Holy Spirit.

이것을 우리는 "날마다 성령의 충만함을 받는다."라는 말로
표현하고 있습니다. We express this by saying "We are
filled with the Holy Spirit everyday."

에베소서 5장 18절에서는 우리가 타락하지 않기 위해서
성령의 충만함을 받으라고 명령하고 있습니다.
Ephesians 5:18 commands us to be filled with the Holy
Spirit so that we will not fall away.

에베소서 5:18절과 갈라디아서 5:16절을 읽어봅시다.
Let's read Ephesians 5:18 and Galatians 5:16.

에베소서 5:18 술 취하지 말라. 이는 방탕한 것이니 **오직 성령으로 충만함**

을 받으라. Do not get drunk on wine, which leads to debauchery. Instead, **be filled with the Spirit.**

갈라디아서 5:16 내가 이르노니 너희는 **성령을 따라 행하라.** 그리하면 육체의 욕심을 이루지 아니하리라. So I say, **walk by the Spirit,** and you will not gratify the desires of the flesh.

우리가 성령으로 충만하고 성령을 따라 행하면 육체의 욕심을 이루지 않는다는 뜻입니다.
This means that if we are filled with the Holy Spirit and walk by the Holy Spirit, we will not fulfill the desires of the flesh.

우리는 날마다 성령 충만함을 받아야 하며 매 순간 성령을 따라 행해야 합니다. We must be filled with the Holy Spirit every day and walk in the Holy Spirit every moment.

성령의 충만함을 받는 것은 그냥 받는 것이 아니라 하나님의 명령입니다.
Being filled with the Holy Spirit is not something you just receive without trying, but the command of God.

우리는 성령을 의지하여 노력으로 성령 충만함을 이루어야 합니다. We must rely on the Holy Spirit and strive to be filled with the Holy Spirit.

성령 받는 것은 예수 그리스도를 믿음으로 성령을 받습니다. Anyone can receive the Holy Spirit by believing in Jesus Christ.

누구든지 예수 그리스도를 믿으면 즉시 성령을 받을 수 있습니다. Anyone who believes in Jesus Christ can immediately receive the Holy Spirit.

갈라디아서 3장 2절과 에베소서 1장 13절을 읽어봅시다. Let's read Galatians 3:2 and Ephesians 1:13.

갈라디아서 3:2 내가 너희에게서 다만 이것을 알려 하노니 **너희가 성령을 받은 것이 율법의 행위로냐 혹은 듣고 믿음으로냐?** I would like to learn just one thing from you: Did you receive the Spirit by the works of the law, or by believing what you heard?

에베소서 1:13 그 안에서 너희도 진리의 말씀 곧 너희의 **구원의 복음**

을 듣고 그 안에서 또한 믿어 약속의 성령으로 인치심을 받았으니 And you also were included in Christ when you heard the message of truth, the gospel of your salvation. When you believed, you were marked in him with a seal, the promised Holy Spirit,

"너희가 믿었을 때 **약속의 성령**으로 인치심을 받았으니"
"When you believed, you were marked in him with a seal, **the promised Holy Spirit.**"

예수 그리스도를 믿으면 약속된 성령으로 인침을 받습니다.
If anyone believes in Jesus Christ, he must be sealed with the promised Holy Spirit.

이것이 선지자를 통해 약속하신 새 언약입니다.
This is the New Covenant that God promised through the prophets.

에스겔서 36:26~27절을 읽어봅시다.
Let's read Ezkel 36:26~27.

에스겔 36:26 또 새 영을 너희 속에 두고 새 마음을 너희에게 주되 너희

육신에서 굳은 마음을 제거하고 부드러운 마음을 줄 것이며 I will give you a new heart and put a new spirit in you; I will remove from you your heart of stone and give you a heart of flesh. **27 또 내 영을 너희 속에 두어 너희로 내 율례를 행하게 하리니** 너희가 내 규례를 지켜 행할지라. And I will put my Spirit in you and move you to follow my decrees and be careful to keep my laws.

또 예수님도 제자들에게 성령을 약속하셨습니다.
Jesus also promised the Holy Spirit to his disciples.

요한복음 14장 16절을 읽어봅시다. Let's read John 14:16.

요한복음 14:16 내가 아버지께 구하겠으니 그가 **또 다른 보혜사를 너희에게 주사** 영원토록 너희와 함께 있게 하리니 And I will ask the Father, and he will give you another advocate to help you and be with you forever.

성령은 예수 그리스도를 믿는 자에게 주시는 약속된 성령입니다. (에베소서 1:13) The Holy Spirit is the promised Holy Spirit given to the believers in Jesus Christ.

누구든지 예수 그리스도를 믿음으로 성령을 받고 성령의 인치심을 받습니다. This means that anyone who believes in Jesus Christ is surely sealed with the Holy Spirit.

그러나 성령을 받은 사람들 가운데에서도 서로 차이가 있습니다. But even among those who received the Holy Spirit, there are big difference for each believer.

성령의 충만함을 받은 사람과 성령이 자기 안에 계신데도 불구하고 성령을 의지하지 않고 자기 마음대로 사는 사람들과는 큰 차이가 있습니다.
There is a big difference between those who are filled with the Holy Spirit and those who live according to their own will without relying on the Holy Spirit.

성령의 충만함을 받지 못한 사람은 죄를 범할 가능성이 큽니다. Those who are not filled with the Holy Spirit are more likely to commit a sin.

성령의 충만함을 받지 못한 사람은 세상의 유혹을 이기기 힘들 것입니다. Those who are not filled with the Holy Spirit can not overcome the temptations of the world.

성령의 충만함을 받은 사람은 육신의 소욕을 채우려고 하지 않을 것입니다. Those who are filled with the Holy Spirit will not to strive to fulfill the desires of the flesh.

그래서 성경은 성령의 충만함을 끊임없이 받으라고 명령하는 것입니다. That is the reason why the Bible tells us to be continually filled with the Holy Spirit.

예수 그리스도를 믿는 사람이면 누구나 다 성령을 선물로 받습니다. Everyone who believes in Jesus Christ receives the Holy Spirit as God's gift.

우리가 성령을 선물로 받은 것은 예수 그리스도를 믿을 때 단 한 번 받았습니다. We received the Holy Spirit as a gift just once, when we believed in Jesus Christ.

그런데 우리는 성령의 충만함을 계속 받아야 합니다.
However, we must continue to be filled with the Holy Spirit.

그렇게 함으로써 우리는 죄에 빠지지 않고 세상을 이길 수 있습니다. By doing so, we can overcome the world without falling into sin.

성령 충만함은 받는다는 의미보다도 우리 각자가 이루어야 합니다. Being filled with the Holy Spirit is not something we receive, but something we each have to achieve.

그러면 무엇을 통해서 성령의 충만함을 받을 수 있습니까?
So, how can we receive the fullness of the Holy Spirit?

기도하고 하나님의 말씀을 묵상함으로써 성령으로 충만해질 수 있습니다. We can be filled with the Holy Spirit by praying and meditating on the Word of God.

하나님께 찬송하고 예배함으로써 성령으로 충만해질 수 있습니다. We can be filled with the Holy Spirit by praising and worshiping God.

하나님의 뜻에 합당한 삶을 삶으로써 성령으로 충만해질 수 있습니다. We can be filled with the Holy Spirit by living a life in accordance with God's will.

이렇게 하여 우리는 성령의 충만함을 계속 받아야 합니다.

In this way, we can be continually filled with the Holy Spirit.

성령 충만하면 우리는 세상을 이길 수 있는 것입니다.

When we are filled with the Holy Spirit, we can overcome the world.

거룩하여지는 것은 무엇으로 가능한 것입니까?

How can we become holy?

디모데전서 4:5절을 읽어봅시다. Let's read 1 Timothy 4:5.

디모데전서 4:5 하나님의 **말씀과 기도로 거룩하여짐이라.** It is consecrated by the word of God and prayer.

바로 성령 안에서 하나님의 말씀을 묵상하고 기도함으로 가능합니다. It is possible by meditating on the Word of God and praying in the Holy Spirit.

요한일서 5:4~5절을 읽어봅시다. Let's read 1 John 5:4~5.

요한일서 5:4 무릇 하나님께로부터 난 자마다 세상을 이기느니라. **세상을 이기는 승리는 이것이니 우리의 믿음이니라.** For everyone born of God overcomes the world. This is the victory that has overcome the world, even our faith. **5 예수께서 하나님의 아들이심을 믿는 자**가 아니면 세상을 이기는 자가 누구냐? Who is it that overcomes the world? Only the one who believes that Jesus is the Son of God.

세상을 이기게 하는 능력은 어디에서 얻을 수 있습니까?
Where can we get the power to overcome the world?

바로 세상을 이기신 예수 그리스도를 믿는 믿음으로 가능한 것입니다. This is possible through faith in Jesus Christ who had overcome the world.

믿음이 어떻게 우리로 세상을 이기게 합니까?
How does faith enable us to overcome the world?

그것은 예수님을 믿는 자 안에 성령이 계시기 때문입니다.
This is because the Holy Spirit is in those who believe in Jesus Christ.

성령은 전능하신 하나님의 영이며 그분은 하나님이기 때문입니다. The Holy Spirit is the Spirit of Almighty God, and He is God.

따라서 우리가 세상의 유혹을 이기려면 다음과 같이 해야 합니다. So, to overcome the temptations of the world, we must do the following:

성령 안에서 하나님의 말씀과 기도로 거룩해야 합니다.
We must be holy through the Word of God and prayer in the Holy Spirit.

또 세상 유혹을 이기신 예수 그리스도를 믿는 믿음을 가져야 합니다. We must also have faith in Jesus Christ who overcame the temptations of the world.

에베소서 5:18절을 읽어봅시다. Let's read Ephesians 5:18.

에베소서 5:18 술 취하지 말라. 이는 방탕한 것이니, 오직 성령으로 충만함을 받으라. Do not get drunk on wine, which leads to debauchery. Instead, be filled with the Spirit,

"성령으로 충만함을 받으라."
"Be filled with the Holy Spirit."

성령 충만함을 받으면 우리는 능력으로 세상을 이길 수 있게 됩니다. When we are filled with the Holy Spirit, we are empowered to overcome the world.

그러므로 우리가 세상을 이기기 위해서는 성령 충만함을 받아야 합니다. Therefore, in order to overcome the world, we must be filled with the Holy Spirit.

성령 충만함을 받기 위해서는 믿음과 말씀과 기도로 노력해야 합니다. To be filled with the Holy Spirit, we must strive with faith, God's Word, and prayer.

또 우리가 성령의 충만함을 계속해서 받으려면 성령의 열매를 맺어야 합니다.
Also, in order for us to continue to be filled with the Holy Spirit, we must bear the fruit of the Holy Spirit.

이것이 바로 능력과 지혜의 기름 부음이 증가하는 원리입니다.

This is the principle of increasing anointing of the ability and wisdom.

기름 부음은 우리가 행하면 행할수록 계속해서 증가하는 것입니다. The anointing of the power continues to increase the more we practice it.

성령의 기름 부음도 성령의 뜻을 따라서 행하면 행할수록 증가합니다. The anointing of the Holy Spirit also increases as we act according to the will of the Holy Spirit.

성령의 기름 부음이 증가하면 능력도 증가하고 은사도 증가합니다. As the anointing of the Holy Spirit increases, so do the abilities and gifts.

그래서 우리는 성령이 기뻐하시는 성령의 열매를 계속해서 맺어야 합니다. So we must continue to bear the fruit of the Holy Spirit that the Holy Spirit rejoices in.

믿음과 말씀과 기도와 성령의 열매로 우리는 날마다 성령 충만함을 받고 성령의 능력을 받아서 귀신도 내쫓고 병도 고치고 유혹을 이기는 것입니다. Through faith, the Word, prayer, and the fruit of the Holy Spirit, we are filled with the Holy Spirit every day. And we can receive the power of the Holy Spirit to cast out demons, heal the sickness, and overcome temptations.

성령 충만을 받았을 때 우리는 전도하고 선교도 할 수 있습니다. When we are filled with the Holy Spirit, we can preach the Gospel and do missionary work.

성령 충만함을 받았을 때 우리는 죄를 멀리할 수 있습니다. When we are filled with the Holy Spirit, we can turn far away from sin.

성령 충만함을 받았을 때 우리는 의롭게 살 수 있습니다. When we are filled with the Holy Spirit, we can live righteously.

성령 충만함을 받았을 때 우리는 하나님의 뜻대로 살 수 있습니다. When we are filled with the Holy Spirit, we can live according to God's Will.

우리는 성령 충만함으로 하나님이 주시는 은혜도 더 많이 받을 수 있습니다. By being filled with the Holy Spirit, we can experience more grace from God.

이것이 우리가 성령의 충만함을 입어야 하는 이유입니다.
This is the reason why we must be filled with the Holy Spirit.

성령의 충만함을 입으면 능력을 받고 이런 것들이 가능해지는 것입니다. When we are filled with the Holy Spirit, we are empowered and these things become possible.

우리가 성령의 충만함을 입으면 하나님의 형상을 회복할 수 있습니다. When we are filled with the Holy Spirit, we can restore the image of God.

우리가 성령의 충만함을 입으면 하나님의 형상대로 살 수 있는 것입니다. When we are filled with the Holy Spirit, we can live in the image of God.

5. 이제 말씀을 정리해 보겠습니다.

Now I am going to conclude today's Word.

우리는 죄 용서를 받았다고 하더라도 우리 안에는 죄의 성품이 남아 있습니다. Even though we have been forgiven of our sins by God, the sinful nature still remains within us.

그러므로 우리는 완전하게 하나님의 형상대로 살 수는 없습니다. Therefore, we can not live completely in the image of God.

그러나 성령의 충만함을 받으면 하나님의 형상대로 살 수 있는 것입니다. However, if we are filled with the Holy Spirit, we can live in the image of God.

하나님이 원하시는 것은 무엇입니까?
What does God want?

하나님은 세상 모든 사람이 하나님 앞에 나와서 예배하기를 원하십니다. God wants everyone in the world to come before God and worship God.

그렇게 되기 위해서 모든 사람이 성령을 받아야 합니다.
For that, everyone must receive the Holy Spirit.

성령을 받으려면 먼저 예수 그리스도를 믿고 죄 용서함을 받아야 합니다. Anyone who wants to receive the Holy Spirit must believe in Jesus Christ and receive forgiveness of sins by God.

예수 그리스도를 믿음으로 하나님으로부터 의롭다 함을 인정받아야 합니다.
Anyone who wants to receive the Holy Spirit must be declared righteous by God by believing in Jesus Christ.

이 모든 것은 예수 그리스도를 믿음으로부터 출발하는 것입니다.
All of this starts from faith in Jesus Christ.

믿음이 크든지 작든지 관계없습니다. 어떤 사람이든지 관계없습니다. It doesn't matter whether the faith is big or small. It doesn't matter who he is.

예수 그리스도를 믿음으로 받아들이면 성령이 그의 안에 들어

오시는 것입니다. When anyone accepts Jesus Christ by faith, the Holy Spirit comes into him.

누구든지 예수 그리스도를 믿는다고 신앙 고백을 할 때 성령이 들어오십니다. When anyone confesses his faith in Jesus Christ, the Holy Spirit comes in him.

성령은 예수 그리스도를 믿는 자에게 주시는 하나님의 선물입니다. The Holy Spirit is a gift from God to those who believe in Jesus Christ.

모든 믿는 사람은 하나님으로부터 성령을 선물로 받았습니다.
All believers received the Holy Spirit as the gift from God

그러나 하나님의 형상대로 살지 못하고 있습니다.
But they are not living in the image of God.
왜 그렇습니까? Why is that?

그것은 성령의 충만함을 받지 못했기 때문입니다.
It is because they are not filled with the Holy Spirit.

민음으로 죄 사함을 받은 우리가 아무렇게나 살아도 되겠습니까?
Can we who were forgiven of sins through faith still live according to the desires of the flesh?

하나님의 뜻대로 살고 또 거룩하게 살고 의롭게 살아야 하지 않습니까? Shouldn't we live according to God's Will? Shouldn't we live holy and righteously according to God's Word?

하나님이 주신 형상대로 살려면 성령의 충만함을 받아야 합니다.
To live in the image of God, we must be filled with the Holy Spirit.

그리고 성령을 따라서 살아야 합니다.
And we must walk by the Holy Spirit.

이것이 세상을 이기는 힘입니다.
This is the power that we overcome the world.
이것이 세상의 유혹을 이기는 능력이 되는 것입니다. This is the power to overcome the temptations of the world.

그리고 성령의 충만함을 입으려면

우리는 말씀 묵상과 하나님께 끊임없이 기도해야 합니다. And to be filled with the Holy Spirit, we must meditate on the Word of God and pray to God without ceasing.

말씀 묵상과 기도뿐만 아니라 노력해서 성령의 열매도 맺어야 합니다. In addition to meditating on God's Word and praying, we must also make efforts to bear the fruit of the Holy Spirit.

거룩하게 살려고 하고 하나님의 형상대로 살려고 노력해야 합니다. We must try to live holy lives and live in the image of God.

다시 말하자면, 성령의 열매를 맺으려고 노력해야 한다는 것입니다. In other words, we must strive to bear the fruit of the Hoiy Spirit.

우리가 성령의 열매를 맺으면서 거룩하게 살면 성령의 충만함이 자꾸 증가하는 것입니다. As we live holy lives by bearing the fruit of the Holy Spirit, the fullness of the Holy

Spirit continues to increase.

그러니까 믿음과 말씀과 기도와 성령의 열매 맺는 삶을 통해서
성령의 충만함이 넘치게 되고 하나님의 형상대로 살 수 있는 것
입니다. So, through faith, Words, prayer, and a life that
bears the fruit of the Holy Spirit, we can be filled with
the Holy Spirit.
And through that, we can live in the image of God.

구원은 예수 그리스도를 믿음으로 얻는 것이며
Salvation is given by believing in Jesus Christ.
그것은 하나님의 은혜에 의해 공짜로 얻을 수 있습니다.
Salvation is given freely by grace of God through faith.

그러나 하나님의 형상을 회복하는 것은 우리의 노력이 필요합니
다. But restoring the image of God requires the effort on
our part.

하나님의 형상을 회복하는 것은 성령 충만함으로 가능한 것입
니다. This is possible through the fullness of the Holy
Spirit.

우리는 말씀 묵상과 기도를 통해서, 그리고 말씀대로 사는 삶을
통해서 성령 충만함을 얻도록 날마다 노력해야 합니다.
We must strive every day to be filled with the Holy Spirit
through meditation on God's Word, prayer, and living
according to God's Word.

그뿐 아니라 온 세상 사람들에게 복음을 전하여 그들도 믿음으
로 성령을 받게 해야 합니다. Not only that, we must preach
the Gospel to all people over the world so that they also
may receive the Holy Spirit through faith.

그들 역시 하나님의 형상을 회복하게 하고 거룩하게 살게 해야
합니다. They also must be restored in the image of God
and live holy lives by faith.

성령 충만함으로 하나님의 형상을 세상에 바르게 드러내어 세상
을 변화시키는 저와 여러분이 되기를 예수 그리스도의 이름으로
축원합니다. I pray in the name of Jesus Christ that you
may change the world by revealing correctly the image
of God in the world through the fullness of the Holy
Spirit.

6. 오늘의 말씀을 가지고 기도하겠습니다.

Now I will pray with today's Word.

하나님 아버지, 우리에게 믿음을 주시고 성령을 보내주셔서 감사합니다. Father God, thank you for giving us faith and sending us the Holy Spirit.

성령을 힘입어서 우리 안에 있는 죄의 성품대로 살지 않게 해주셔서 감사합니다. Thank you for not letting us live according to the sinful nature through the Holy Spirit.

또 성령으로 우리를 인도하여서 거룩하게 살게 하여 주셔서 감사합니다. Thank you for guiding us through the Holy Spirit and helping us live holy lives.

아버지 하나님. 우리는 날마다 성령 충만함을 받아서 하나님의 형상대로 살기를 원합니다. Father God. We want to be filled with the Holy Spirit every day and live in the image of God.

우리는 날마다 성령 충만함을 받아서 하나님의 뜻대로 살기를 원합니다. We want to be filled with the Holy Spirit every day and live according to God's will.

우리가 날마다 기도와 말씀으로 성령 충만함을 입도록 도와주옵소서. Help us to be filled with the Holy Spirit every day through prayer and God's Word.

날마다 성령 충만함을 입어 하나님을 깊이 경험하도록 도와주옵소서. Please help us all to be filled with the Holy Spirit every day and experience our God deeply.

우리의 죄를 대속해 주시고 성령을 보내주신 우리 주, 예수 그리스도의 이름으로 기도합니다. 아멘.
We pray in the name of Jesus Christ, who atoned for our sins and sent us the Holy Spirit in our heart. Amen.

하나님께서 예수 안에 있는 여러분에게 복 주십니다. 할렐루야!
God bless you and your family in Jesus Christ.
Hallelujah!

내가 아버지께 구하겠으니

그가 또 다른 보혜사를 너희에게 주사

영원토록 너희와 함께 있게 하리니

(요한복음 14:16)

보혜사 곧 아버지께서 내 이름으로 보내실 성령

그가 너희에게 모든 것을 가르치고

내가 너희에게 말한 모든 것을 생각나게 하리라.

(요한복음 14:26)

그러나 진리의 성령이 오시면

그가 너희를 모든 진리 가운데로 인도하시리니

그가 스스로 말하지 않고 오직 들은 것을 말하며

장래 일을 너희에게 알리시리라.

(요한복음 16:13)

베드로가 이르되 너희가 회개하여

각각 예수 그리스도의 이름으로 세례를 받고 죄 사함을 받으라.

그리하면 성령의 선물을 받으리니

(사도행전 2:38)

그 안에서 너희도 진리의 말씀 곧

너희의 구원의 복음을 듣고

그 안에서 또한 믿어

약속의 성령으로 인치심을 받았으니

(에베소서 1:13)

또 새 영을 너희 속에 두고 새 마음을 너희에게 주되

너희 육신에서 굳은 마음을 제거하고

부드러운 마음을 줄 것이며

또 내 영을 너희 속에 두어

너희로 내 율례를 행하게 하리니

너희가 내 규례를 지켜 행할지라.

(에스겔 36:26~27)

내가 너희에게서 다만 이것을 알려 하노니

너희가 성령을 받은 것이

율법의 행위로냐 혹은 듣고 믿음으로냐?

(갈라디아서 3:2)

술 취하지 말라. 이는 방탕한 것이니

오직 성령으로 충만함을 받으라.

(에베소서 5:18)

내가 이르노니 너희는 성령을 따라 행하라.

그리하면 육체의 욕심을 이루지 아니하리라.

(갈라디아서 5:16)

예수 그리스도의 이름의 권세와 우리의 믿음
Power of the name of Jesus Christ and our Faith

1. 본 문 Main Text

빌립보서 2:9 이러므로 **하나님이 그를 지극히 높여 모든 이름 위에 뛰어난 이름을 주사** Therefore God exalted him to the highest place and gave him the name that is above every name, **10** 하늘에 있는 자들과 땅에 있는 자들과 땅 아래에 있는 자들로 **모든 무릎을 예수의 이름에 꿇게 하시고** that at the name of Jesus every knee should bow, in heaven and on earth and under the earth, **11** **모든 입으로 예수 그리스도를 주라 시인하여** 하나님 아버지께 영광을 돌리게 하셨느니라. and every tongue acknowledge that Jesus Christ is Lord, to the glory of God the Father.

요한복음 14:13 너희가 **내 이름으로 무엇을 구하든지 내가 행하리니** 이는 아버지로 하여금 아들로 말미암아 영광을 받으시게 하려 함이라. And I will do whatever you ask in my name, so that the Father may be glorified in the Son. **14 내 이름으로 무엇이든지 내게 구하면 내가 행하리라.** You may ask me for anything in my name, and I will do it.

마태복음 9:22 예수께서 돌이켜 그를 보시며 이르시되 **딸아 안심하라 네 믿음이 너를 구원하였다** 하시니 여자가 그 즉시 구원을 받으니라. Jesus turned and saw her. "Take heart, daughter," he said, "your faith has healed you." And the woman was healed at that moment.

2. 제 목: 예수 그리스도의 이름의 권세와 우리의 믿음
Power of the name of Jesus Christ and our Faith

3. 들어가는 말 Beginning Word

오늘은 **"예수 그리스도의 이름의 권세와 우리의 믿음"**이라는 주제로 말씀을 준비했습니다.
Today, I have prepared a sermon on the topic, "Power of the Name of Jesus Christ and our Faith."

우리는 기도할 때마다 **예수 그리스도의 이름으로** 기도하고 있습니다. We are praying in **the name of Jesus Christ** whenever we pray.

여러분은 여러분이 기도한 대로 될 줄 믿습니까?
Do you believe that your prayer will come true?

욕심으로 기도한 것이 아니라면 이루어진다고 믿지요?
If you pray for something without greed, your prayer will surely be answered. Do you believe this?

왜 그렇지요? Why is that so?

그것은 예수님께서 우리가 기도한 대로 시행한다고 말씀하셨기 때문입니다. That's because Jesus said, "I will do as you pray in my name."

왜 예수님께서 말씀하신 대로 되는 것입니까?
Why does it happen, as Jesus said?

하나님은 "전지전능하시고 무소부재하신 하나님"이기 때문입니다. God is "the omnipotent God, omniscient God, and omnipresent God." God is the almighty God, all knowing God, and everywhere present God.

예수님은 하나님의 아들이며 하나님 자신입니다.
Jesus is the Son of God. Jesus is the true God.

예수님은 말씀하신 대로 이루시는 신실하신 하나님이기 때문입니다. Because Jesus is the faithful God.
So Jesus does exactly as he said.

예수 그리스도의 이름에는 하나님의 권세가 있기 때문입니다.
Because the name of Jesus Christ has the power of God.

그러면 예수 그리스도의 이름의 권세는 어떤 것인지를 성경을 통해서 알아보겠습니다. Let's find out through the Bible, what the power of the name of Jesus is.

예수 그리스도의 이름을 믿는 사람은 하나님의 자녀가 됩니다.
Those who believe in the name of Jesus Christ become children of God.

하나님의 자녀는 두 가지의 권세를 가지고 있습니다.
God's children have two rights and powers.

하나는 **예수 그리스도의 이름을 사용하는 권세**이며
또 하나는 **믿음으로 기도**하면 **이루어지는 권세입니다.**

One is the right to use the name of Jesus Christ.

And the other is the right to be fulfilled when praying with faith.

우리가 믿음을 가지고 예수의 이름으로 기도하면 무엇이든지 이루어집니다. If we pray with faith in the name of Jesus, anything is accomplished.

예수의 이름은 어떤 권세를 가지고 있는 이름입니까?
What power does Jesus' name have?

예수 그리스도의 이름은 무엇이든지 다 이루는 권세를 가지고 있습니다. The name of Jesus Christ has the power to accomplish everything.

하나님께서 모든 것이 예수의 이름 앞에 무릎을 꿇게 하셨기 때문입니다. Because God has made everything bow its knees before the name of Jesus.

빌립보서 2:9~11절을 읽어봅시다.
Let's read Phillippians 2:9~11.

빌립보서 2:9 이러므로 **하나님이 그를 지극히 높여 모든 이름 위에 뛰어난 이름을 주사** Therefore God exalted him to the highest place and gave him the name that is above every name, **10** 하늘에 있는 자들과 땅에 있는 자들과 땅 아래에 있는 자들로 **모든 무릎을 예수의 이름에 꿇게 하시고** that at the name of Jesus every knee should bow, in heaven and on earth and under the earth, **11** 모든 입으로 예수 그리스도를 주라 시인하여 하나님 아버지께 영광을 돌리게 하셨느니라. and every tongue acknowledge that Jesus Christ is Lord, to the glory of God the Father.

예수 그리스도의 이름은 모든 이름 위에 뛰어난 이름입니다.
The name of Jesus is the greatest name that is above every name.

모든 무릎은 예수 그리스도의 이름 앞에 다 꿇어야 합니다.
Every knee should bow before the name of Jesus.

예수의 이름은 이런 권위와 권능을 가지고 있는 이름입니다.
The name of Jesus is the name of such authority and power.

예수님은 하나님의 자녀에게 예수님의 이름을 사용할 수 있는 특권을 주셨습니다. Jesus gave the right to use His name to God's children.

예수님의 이름의 권세는 하나님의 자녀만이 사용할 수 있는 권세입니다. The power of the name of Jesus is the power that only God's children can use.

예수 그리스도의 이름의 권세를 성경을 통해서 알아보도록 하겠습니다. Let's learn about the power of the name of Jesus through the Bible.

성령께서 주시는 지혜로 오늘의 말씀을 깨닫는 복이 있기를 축원합니다. May you understand today's Word with the wisdom of the Holy Spirit.

4. 설교내용 Preaching Word

먼저, 예수 그리스도의 이름의 권세를 설명하겠습니다.
First, let me explain the power of the name of Jesus Christ.

예수 그리스도의 이름의 권세는 다음의 몇 가지로 설명될 수 있습니다. The power of the name of Jesus Christ can be explained as follows.

1) 예수님의 이름을 믿으면 하나님의 자녀가 되고 형벌받지 않습니다. If you believe in the name of Jesus Christ, you become the children of God. And the children of God will not be condemned and not be punished by God.

요한복음 1:12 영접하는 자 곧 그 **이름을 믿는 자들에게는 하나님의 자녀가 되는 권세를 주셨으니** Yet to all who did receive him, to those who believed in his name, he gave the right to become children of God.

예수 그리스도의 이름을 믿는 자는 하나님의 자녀가 되는 권세를 가집니다. Whoever believes in the name of Jesus Christ has the right to become children of God.

요한복음 3:18 그를 믿는 자는 심판을 받지 아니하는 것이요 믿지 아니하는 자는 **하나님의 독생자의 이름을 믿지 아니하므로 벌써 심판을 받은 것이니라.** Whoever believes in him is not condemned, but whoever does not believe stands condemned already because they have not believed in the name of God□s one and only Son.

하나님의 독생자인 예수 그리스도의 이름을 믿지 않는 자는 심판을 받습니다. Whoever does not believe in the name of Jesus Christ will be judged by God.

2) 우리가 예수님의 이름으로 모이면 예수님도 그 자리에 함께 계십니다. When we gather in the name of Jesus, Jesus is there with us.

마태복음 18:20 두세 사람이 **내 이름으로 모인** 곳에는 나도 그들 중에 있느니라. For where two or three gather in my name, there am I with them."

예수 그리스도의 이름으로 모인 곳에는 반드시 예수님이 계십니다. Wherever people gather in the name of Jesus Christ, Jesus is surely there.

오늘도 우리는 예수 그리스도의 이름으로 모여서 하나님께 예배하고 있습니다. Today we have gathered together in the name of Jesus Christ to worship God.

지금 이 자리에는 예수님께서 성령으로 와 계십니다. 믿습니까?
So Jesus is here now through the Holy Spirit.
Do you believe it?

3) 우리가 예수의 이름으로 무엇이든지 구하면 예수님이 행하십니다. Whatever we ask in Jesus' name, Jesus will do it.

요한복음 14:13 너희가 **내 이름으로 무엇을 구하든지 내가 행하리니** 이는 아버지로 하여금 아들로 말미암아 영광을 받으시게 하려 함이라. And I will do whatever you ask in my name, so that the Father may be glorified in the Son. **14 내 이름으로 무엇이든지 내게 구하면 내가 행하리라.** You may ask me for anything in my name, and I will do it.

"내 이름으로 무엇을 구하든지 내가 행하리라." "I will do whatever you ask in my name for my Father's glory."
"내 이름으로 무엇이든지 내게 구하면 내가 행하리라."
"You may ask me for anything in my name, and I will do it."

우리가 예수의 이름으로 무엇이든지 구하면 예수님이 행하십니다. Whatever we ask in Jesus's name, Jesus will do it.

4) 하나님께서 그의 자녀에게 주시는 것은 모두 예수의 이름으로 주십니다. Everything God gives to His children is given in the name of Jesus.

다시 말하자면 예수님을 통해서만 무엇이든지 받을 수 있다는 것입니다. In other words, we can receive anything only through Jesus Christ.

요한복음 15:16 너희가 나를 택한 것이 아니요. 내가 너희를 택하여 세웠나니 이는 너희로 가서 열매를 맺게 하고 또 너희 열매가 항상 있게 하여 **내 이름으로 아버지께 무엇을 구하든지 다 받게 하려 함이라.** You did not choose me, but I chose you and appointed you so that you might go and bear fruit-fruit that will last-and so that whatever you ask in my name the Father will give you.

"내 이름으로 아버지께 무엇을 구하든지 다 받게 하려 함이라." "Whatever you ask in my name, the Father will give you."

요한복음 16:23 그 날에는 너희가 아무것도 내게 묻지 아니하리라 내가 진실로 진실로 너희에게 이르노니 **너희가 무엇이든지 아버지께 구하는 것을 내 이름으로 주시리라.** In that day you will no longer ask me anything. Very truly I tell you, my Father will give you whatever you ask in my name.

"너희가 무엇이든지 아버지께 구하는 것을 내 이름으로 주시리라." "My Father will give you whatever you ask in my name."

하나님 아버지는 우리가 구하는 것을 반드시 예수님 이름으로 주십니다. God the Father will surely give us whatever we ask in the name of Jesus.

5) 예수의 이름을 믿는 우리는 예수 그리스도의 이름으로 귀신을 쫓아냅니다. Those who believe in Jesus, cast out demons in the name of Jesus Christ.

마가복음 16:17 믿는 자들에게는 이런 표적이 따르리니 곧 그들이 **내 이름으로 귀신을 쫓아내며** 새 방언을 말하며 And these signs will accompany those who believe: In my name they will drive out demons; they will speak in new tongues;

예수 그리스도를 믿는 자는 누구든지 예수님의 이름으로 귀신을 쫓아냅니다. Anyone who believes in Jesus Christ will cast out demons in the name of Jesus.

누가복음 10:17 칠십 인이 기뻐하며 돌아와 이르되 주여 **주의 이름이면 귀신들도 우리에게 항복하더이다.** The seventy-two returned with joy and said, "Lord, even the demons submit to us in your name."

우리가 예수 그리스도의 이름을 선포하면 귀신들도 항복하고 쫓겨나갑니다. When we proclaim Jesus' name, the demons submit to us in the name of Jesus Christ.

사도행전 16:18 이같이 여러 날을 하는지라 바울이 심히 괴로워하여 돌이켜 그 귀신에게 이르되 **예수 그리스도의 이름으로 내가 네게 명하노니 그에게서 나오라 하니 귀신이 즉시 나오니라.** She kept this up for many days. Finally Paul became so annoyed that he turned around and said to the spirit, "In the name of Jesus Christ I command you to come out of her!" At that moment the spirit left her.

예수 그리스도의 이름으로 귀신에게 명령하면 귀신은 즉시 쫓겨나갑니다. If you command the demon in the name of

Jesus, it will immediately be cast out.

**6) 예수님의 이름을 믿는 우리는 예수 그리스도의 이름으로 질병
도 고칩니다.** We who believe in Jesus Christ heal diseases
in the name of Jesus.

나면서 걷지 못하는 병자를 예수의 이름으로 고친 베드로를 생
각해 봅시다. Let's think of apostle Peter who healed a man
that could not stand up since birth in the name of Jesus.

사도행전 3:6 베드로가 이르되 은과 금은 내게 없거니와 내게 있는 이것을 네
게 주노니 나사렛 **예수 그리스도의 이름으로 일어나 걸으라** 하고 Then Peter
said, "Silver or gold I do not have, but what I do have, I give you. In
the name of Jesus Christ of Nazareth, walk." **7 오른손을 잡아 일으키
니** 발과 발목이 곧 힘을 얻고 Taking him by the right hand, he helped
him up, and instantly the man's feet and ankles became strong.

"예수 그리스도의 이름으로 일어나 걸으라."
"In the name of Jesus Christ of Nazareth, walk."
"오른손을 잡아 일으키니."
"Taking him by the right hand and helped him up."

나면서 걷지 못하는 사람이 구걸하기 위해 성전 미문에 앉아있었습니다. One lame man from birth was sitting to get something at the gate of the temple.

베드로는 예수의 이름으로 그를 일어나 걷게 했습니다.
Peter made him walk in the name of Jesus Christ.

베드로의 능력으로 그를 일어나 걷게 했습니까?
Was it Peter's power that made him stand and walk?

아닙니다. 베드로는 예수 그리스도의 이름으로 걷게 했습니다.
No. Peter made him walk in the name of Jesus Christ.

사도행전 4:10 너희와 모든 이스라엘 백성들은 알라 너희가 십자가에 못박고 하나님이 죽은 자 가운데서 살리신 나사렛 **예수 그리스도의 이름으로 이 사람이 건강하게 되어 너희 앞에 섰느니라.** then know this, you and all the people of Israel: It is by the name of Jesus Christ of Nazareth, whom you crucified but whom God raised from the dead, that this man stands before you healed.

"예수 그리스도의 이름으로 이 사람이 건강하게 되어"

"This man was healed in the name of Jesus Christ, and now stands before you."

베드로는 예수 그리스도의 이름으로 선포했습니다.
Apostle Peter proclaimed in the name of Jesus Christ.

그때 날 때부터 걷지 못했던 사람도 예수 그리스도의 이름으로 일어나 걸을 수 있었습니다. At that time, even a man who could not walk from birth were able to stand up and walk in the name of Jesus Christ.

사도행전 4:30 손을 내밀어 병을 낫게 하시옵고 **표적과 기사가 거룩한 종 예수의 이름으로 이루어지게 하옵소서** 하더라. Stretch out your hand to heal and perform signs and wonders through the name of your holy servant Jesus."

"표적과 기사가 거룩한 종 예수의 이름으로 이루어지게 하옵소서." "Please stretch out your hand to heal and perform signs and wonders through the name of Jesus."

우리가 예수 그리스도의 이름을 선포하면 표적과 기사가 나타나서 병을 고칩니다. When we proclaim the name of Jesus Christ, God's signs and wonders appear. And the sick person is healed in the name of Jesus Christ.

마가복음 16:20 제자들이 나가 **두루 전파할새 주께서 함께 역사하사 그 따르는 표적으로 말씀을 확실히 증언하시니라.** Then the disciples went out and preached everywhere, and the Lord worked with them and confirmed his word by the signs that accompanied it.

예수 그리스도의 이름은 세상 그 어떤 것보다 더 큰 능력이 있습니다. The name of Jesus Christ has the greatest power above anything in the world.

베드로는 **믿음을 가지고,** 걷지 못하는 자의 손을 잡고 일으켜 세웠습니다. Peter, having faith, took the lame man by the hand and helped him up.

7) 예수 그리스도의 이름을 믿는 사람은 그 이름으로 죄 씻음을 받고 죄 사함을 받습니다. Those who believe in the name of Jesus Christ will be cleansed of their sins.
They receive forgiveness of sins from God in the name

of Jesus Christ.

사도행전 2:38 베드로가 이르되 너희가 **회개하여 각각 예수 그리스도의 이름으로 세례를 받고 죄 사함을 받으라.** 그리하면 성령의 선물을 받으리니 Peter replied, "Repent and be baptized, every one of you, in the name of Jesus Christ for the forgiveness of your sins. And you will receive the gift of the Holy Spirit.

사도행전 10:43 그에 대하여 모든 선지자도 증언하되 **그를 믿는 사람들이 다 그의 이름을 힘입어 죄 사함을 받는다** 하였느니라. All the prophets testify about him that everyone who believes in him receives forgiveness of sins through his name."

예수 그리스도의 이름을 믿는 사람은 예수 그리스도의 이름으로 죄 사함을 받습니다. He who believes in the name of Jesus Christ, receives forgiveness of sins.
He is saved from sins through the name of Jesus Christ.

요한1서 2:12 자녀들아 내가 너희에게 쓰는 것은 **너희 죄가 그의 이름으로 말미암아 사함을 받았음이요.** I am writing to you, dear children, because your sins have been forgiven on account of his name.

예수 그리스도의 이름으로 죄 사함을 받습니다. In the name of Jesus Christ, we receive forgiveness of sins.

고린도전서 6:11 너희 중에 이와 같은 자들이 있더니 **주 예수 그리스도의 이름과 우리 하나님의 성령 안에서 씻음과 거룩함과 의롭다 하심을 받았느니라**. And that is what some of you were. But you were washed, you were sanctified, you were justified in the name of the Lord Jesus Christ and by the Spirit of our God.

예수 그리스도의 이름을 믿으면 하나님의 성령을 받습니다. Those who believe in the name of Jesus Christ, receive the Holy Spirit of God.

이런 사람은 성령 안에서 죄 씻음과 거룩함과 의롭다 하심을 받습니다. Such a person receives forgiveness of sins. Such a person is counted for righteousness by God. Such a person is counted for sanctification by the Holy Spirit.

8) 예수 그리스도의 이름을 믿고 그 이름을 부르는 자는 구원을 받습니다. Whoever believes in the name of Jesus and calls on his name will be saved.

사도행전 2:21 누구든지 **주의 이름을 부르는 자는 구원을 받으리라 하였느니라.** And everyone who calls on the name of the Lord will be saved.'

로마서 10:13 누구든지 **주의 이름을 부르는 자는 구원을 받으리라.** for, "Everyone who calls on the name of the Lord will be saved."

"주의 이름을 부르는 자는 구원을 받으리라."
"Everyone who calls on the name of the Lord will be saved."

예수 그리스도의 이름을 믿고 그 이름을 부르는 자는 다 구원을 받습니다. Whoever believes in the name of Jesus and calls on his name will be saved.

9) 예수 그리스도의 이름을 믿는 사람은 그 이름으로 영생을 얻습니다. Whoever believes in the name of Jesus Christ has eternal life in his name.

요한복음 20:31 오직 이것을 기록함은 너희로 예수께서 하나님의 아들 그리스도이심을 믿게 하려 함이요 또 **너희로 믿고 그 이름을 힘입어 생명을 얻게 하려 함이니라.** But these are written that you may believe that Jesus is the Messiah, the Son of God, and that by believing you may have life in his name.

예수 그리스도의 이름을 믿는 자는 그 이름을 힘입어 생명을 얻게 됩니다. Whoever believes in the name of Jesus Christ will have eternal life in his name.

요한1서 5:13 내가 **하나님의 아들의 이름을 믿는 너희**에게 이것을 쓰는 것은 너희로 하여금 **너희에게 영생이 있음**을 알게 하려 함이라. I write these things to you who believe in the name of the Son of God so that you may know that you have eternal life.

성경은 하나님의 아들을 믿는 사람에게 영생이 있음을 가르치고 있습니다. The Bible teaches that those who believe in the name of the Son of God have eternal life.

10) 천하 사람 중에 구원을 받을 만한 이름은 예수 그리스도의 이름밖에 없습니다. There is no other name under heaven by which we must be saved, except the name of Jesus Christ.

사도행전 4:12 다른 이로써는 구원을 받을 수 없나니 **천하 사람 중에 구원을**

받을 만한 다른 이름을 우리에게 주신 일이 없음이라 하였더라. Salvation is found in no one else, for there is no other name under heaven given to mankind by which we must be saved."

구원은 예수 그리스도의 이름을 통해서만 가능합니다.
Salvation is possible only through the name of Jesus Christ.

사람이 구원을 받으려면 예수 그리스도의 이름을 믿는 길밖에 없습니다. There is no other way to be saved, except by believing in the name of Jesus Christ.

11) 사탄과 그의 추종자들은 예수 그리스도의 이름을 듣기 두려워합니다. Satan and his followers are afraid to hear the name of Jesus Christ.

사도행전 4:17 이것이 민간에 더 퍼지지 못하게 그들을 위협하여 **이후에는 이 이름으로 아무에게도 말하지 말게 하자** 하고 But to stop this thing from spreading any further among the people, we must warn them to speak no longer to anyone in this name." **18** 그들을 불러 경고하여 **도무지 예수의 이름으로 말하지도 말고 가르치지도 말라** 하니 Then they called them in again and commanded them not to speak or teach at all in the name of Jesus.

"이 이름으로 아무에게도 말하지 말게 하자." "We must warn them to speak no longer to anyone in this name."
"도무지 예수의 이름으로 말하지도 말고 가르치지도 말라." "They commanded them not to speak or teach at all in the name of Jesus."

사도행전 5:40 그들이 옳게 여겨 사도들을 불러들여 채찍질하며 **예수의 이름으로 말하는 것을 금하고** 놓으니 His speech persuaded them. They called the apostles in and had them flogged. Then they ordered them not to speak in the name of Jesus, and let them go.

사탄과 그의 추종자들은 예수 그리스도의 이름을 싫어하고 두려워합니다. Satan and his followers hate and fear the name of Jesus Christ.

사탄과 그의 추종자들은 예수 그리스도의 이름을 듣기 두려워합니다. Satan and his followers are afraid to hear the name of Jesus Christ.

12) 하나님은 모든 사람에게 예수 그리스도의 이름을 전하길 원하십니다. God wants to spread the name of Jesus Christ to everyone.

사도행전 9:15 주께서 이르시되 가라. 이 사람은 내 이름을 이방인과 임금들과 이스라엘 자손들에게 전하기 위하여 택한 나의 그릇이라 But the Lord said to Ananias, "Go! This man is my chosen instrument to proclaim my name to the Gentiles and their kings and to the people of Israel."

사울이 부활하신 예수님을 만나면서 눈이 멀었습니다.
Saul was blinded when he met the resurrected Jesus.

그때 하나님께서 아나니아를 사울에게 보내시면서 하신 말씀입니다. This is what God said to Ananias, when God sent him to Saul.

"이 사람은 내 이름을 전하기 위하여 택한 나의 그릇이라."
"This man is my chosen instrument to proclaim my name to the world."

하나님은 모든 사람에게 예수 그리스도의 이름을 전하길 원하십니다. God wants to spread the name of Jesus Christ to everyone.

하나님은 우리를 통해서도 예수 그리스도의 이름을 전하길 원하십니다. God wants to spread the name of Jesus Christ through us too.

13) 구원받은 하나님의 자녀들은 예수의 이름으로 핍박받기를 기쁘게 여기고 오히려 예수 그리스도의 이름을 더 열심히 가르치고 전도합니다.

The children of God are happy to be persecuted for the name of Jesus. Instead, they teach and preach the name of Jesus Christ even more diligently.

사도행전 5:41 사도들은 **그 이름을 위하여 능욕 받는 일**에 합당한 자로 여기심을 기뻐하면서 공회 앞을 떠나니라. The apostles left the Sanhedrin, rejoicing because they had been counted worthy of suffering disgrace for the Name. **42** 그들이 날마다 성전에 있든지 집에 있든지 **예수는 그리스도라고 가르치기와 전도하기를 그치지 아니하니라.** Day after day, in the temple courts and from house to house, they never stopped teaching and proclaiming the good news that Jesus is the Messiah.

초대교회 성도는 예수님의 이름을 위하여 능욕 받는 것을 기쁘게 여겼습니다. The Early Church members were happy even if they suffer insults for the name of Jesus.

그들은 예수는 그리스도라고 가르치기와 전도하기를 그치지 않았습니다. They never stopped teaching and proclaiming that Jesus is the Messiah.

14) 예수 그리스도의 이름은 천국 문을 여는 천국 열쇠입니다.

The name of Jesus Christ is the heaven's key that opens the gate of heaven.

마태복음 16:19 내가 **천국 열쇠**를 네게 주리니 네가 땅에서 무엇이든지 매면 하늘에서도 매일 것이요 네가 땅에서 무엇이든지 풀면 하늘에서도 풀리리라 하시고 "I will give you the keys of the kingdom of heaven; whatever you bind on earth will be bound in heaven, and whatever you loose on earth will be loosed in heaven."

예수 그리스도의 이름은 천국 문을 여는 천국 열쇠이며

The name of Jesus Christ is the key to heaven that opens the gate of Heaven.

사탄이 장악하고 있는 사망의 권세를 깨뜨리는 하나님의 권능입니다. The name of Jesus is the power of God that breaks the power of death held by Satan.

다음은, 예수 그리스도의 이름의 권세와 우리의 믿음의 관계를 생각해 보겠습니다.
Next, let's consider the relationship between the power of the name of Jesus Christ and our faith.

우리는 지금까지 예수 그리스도의 이름의 권세를 성경을 통해서 이해했습니다. So far, we have understood the power of the name of Jesus Christ through the Scripture.

그러면 아무나 예수 그리스도의 이름을 사용하기만 하면 되는 것입니까? So, can anyone use the name of Jesus Christ?

예수 그리스도의 이름을 유효하게 사용하려면 어떻게 해야 할까요? How can we use the name of Jesus Christ effectively and powerfully?

예수 그리스도의 이름을 유효하게 사용하기 위해서 우리는 믿음을 소유해야 합니다. To use the name of Jesus Christ effectively, we must have a confident faith.

예수 그리스도의 이름으로 죄 사함을 얻고 하나님의 자녀가 됩니다. In the name of Jesus Christ, we receive forgiveness of sins. In the name of Jesus Christ, we become a children of God.

예수 그리스도의 이름으로 우리는 하나님께 기도할 수 있습니다. In the name of Jesus Christ we can pray to God.

예수 그리스도의 이름으로 우리는 병을 고치고 귀신을 쫓아냅니다. In the name of Jesus Christ, we heal the sick and cast out demons away.

우리의 믿음이 부족하면 이런 것은 기적과 표적으로 나타나지 않습니다. If our faith is weak, these things will not appear to us as miracles and signs.

먼저, 예수 그리스도의 이름을 믿음으로 하나님의 자녀가 되어야 합니다. We must become the children of God by believing in the name of Jesus Christ.

또 예수 그리스도의 이름을 합당하게 사용할 수 있는 확신 있는 믿음을 가져야 합니다. We must also have the confident faith to use the name of Jesus Christ properly.

이것을 성경을 통해서 이해해 보도록 하겠습니다.
Let's try to understand this through the scriptures.

무엇보다도 먼저, 기도하는 사역자가 믿음을 가져야 합니다.
First of all, the minister who prays must have faith.

기도하는 자는 예수 그리스도의 이름으로 기도해야 합니다.
Those who pray must pray in the name of Jesus Christ.

기도하는 자는 믿음을 가지고 병든 자를 위해 기도해야 합니다.
Those who pray must have faith and pray for the sick.

야고보서 5:14 너희 중에 병든 자가 있느냐 그는 교회의 장로들을 청할 것이요 그들은 **주의 이름으로 기름을 바르며 그를 위하여 기도할지니라.** Is anyone among you sick? Let them call the elders of the church to pray over them and anoint them with oil in the name of the Lord. **15 믿음의 기도는 병든 자를 구원하리니** 주께서 그를 일으키시리라 혹시 죄를 범하였을지라도 사하심을 받으리라. And the prayer offered in faith will make the sick person well; the Lord will raise them up. If they have sinned, they will be forgiven.

"주의 이름으로 그를 위하여 기도할지니라."
"Pray for them in the name of the Lord."
"믿음의 기도는 병든 자를 구원하리니"
"The prayer of faith will make the sick person well."

믿음의 기도는 병든 자를 구원하고 치료합니다.
The prayer of faith shall save the sick and heal them.

병든 자를 위해 기도하는 사람은 확실한 믿음이 있어야 합니다.
More importantly, those who pray for the sick must have the firm faith.

다음은 병든 자도 믿음을 가져야 합니다.
Next, even the sick must have the faith.

병든 자가 병 고침 받으려면 예수 그리스도의 이름을 믿는 믿음이 필요합니다. If a sick person wants to be healed, he must have a faith in the name of Jesus Christ.

다시 말하자면, 예수 그리스도의 이름이 병을 고친다는 믿음을 가져야 합니다. In other words, he must have faith that the name of Jesus Christ heals him.

사도행전 3:16절을 읽어봅시다. Let's read Acts 3:16.

사도행전 3:16 그 이름을 믿으므로 그 이름이 너희가 보고 아는 이 사람을 성하게 하였나니 예수로 말미암아 난 믿음이 너희 모든 사람 앞에서 이같이 완전히 낫게 하였느니라. By faith in the name of Jesus, this man whom you see and know was made strong. It is Jesus' name and the faith that comes through him that has completely healed him, as you can all see.

날 때부터 걷지 못하여 성전 미문에 앉아 구걸하는 사람의 이야기입니다. It is the story of a man who could not walk since birth and sat to beg at the temple gate.

"그 이름을 믿으므로 이 사람을 성하게 하였나니"
"By faith in the name of Jesus, this man was made strong."

"예수 그리스도의 이름과 그의 믿음이 완전히 낫게 하였나니"
"Jesus' name and the faith that comes through him has completely healed him."

베드로가 예수 그리스도의 이름으로 일어나 걸으라고 명령했습니다. Peter commanded him to "rise and walk" in the name of Jesus Christ.

그때 성전 미문에 앉아있던 사람은 예수 그리스도의 이름을 믿었습니다. At that time, the begging man believed in the name of Jesus Christ.

그가 믿는 예수 그리스도의 이름이 그를 성하게 했습니다.
The name of Jesus Christ in whom he believed, made him strong.

예수로 말미암아 난 믿음이 이 사람을 완전히 낫게 했습니다.

The faith that comes through Jesus Christ, healed the man completely.

예수님은 열두 해 동안이나 혈루병을 앓고 있었던 여인에게 이렇게 말씀하셨습니다. Jesus said to a woman who has suffered from to bleeding for twelve years.

마태복음 9:22절을 읽어봅시다. Let's read Matthew 9:22.

마태복음 9:22 예수께서 돌이켜 그를 보시며 이르시되 **딸아 안심하라 네 믿음이 너를 구원하였다** 하시니 여자가 그 즉시 구원을 받으니라. Jesus turned and saw her. "Take heart, daughter," he said, "your faith has healed you." And the woman was healed at that moment.

"딸아 안심하라. 네 믿음이 너를 구원하였느니라."
"Take heart, daughter. Your faith has healed you."

예수님은 성령을 힘입어 모든 것을 다 하실 수 있는 능력이 있는 하나님의 아들입니다. Jesus is the Son of God who has the power to do all things through the Holy Spirit.

그런데도 예수님은 그 여인에게 다음과 같이 말씀하셨습니다.
Nevertheless, Jesus said to the woman as follows.

예수님은 "네 믿음이 너를 구원하였다."라고 말씀하셨습니다.
Jesus said to her, "your faith has healed you."

예수님이 이 여인의 병을 고쳤습니다.
Jesus healed this woman's disease.

그런데 예수님은 "너의 믿음이 너를 고쳤다."라고 말씀하셨습니다. But Jesus said, "Your faith has healed you."

예수님은 무엇을 말씀하려고 하는 것입니까?
What is Jesus trying to say?

이 말씀은 병 고침 받으려면 병든 자의 믿음이 필요하다는 말씀입니다. This means that faith is necessary for the sick person to be healed.

예수님은 보지 못하는 두 맹인에게도 이렇게 말씀하셨습니다.
Jesus said to the two blind men.

마태복음 9:29절을 읽어봅시다. Let's read Matthew 9:29.

마태복음 9:29 이에 예수께서 그들의 눈을 만지시며 이르시되 **너희 믿음대로 되라** 하시니 Then he touched their eyes and said, "According to your faith let it be done to you";

예수님은 **"너희 믿음대로 되라!"**라고 말씀하셨습니다.
Jesus said, "According to your faith, let it be done to you!"

예수님은 백부장에게 그의 하인의 병을 치료하기 위해 이렇게 말씀했습니다. Jesus said to the centurion for healing his servant's illness.

마태복음 8:13 예수께서 백부장에게 이르시되 **가라. 네 믿은 대로 될지어다** 하시니 그 즉시 하인이 나으니라. Then Jesus said to the centurion, "Go! Let it be done just as you believed it would." And his servant was healed at that moment.

"네 믿은 대로 될지어다."
"Let it be done to you, just as you believed."

예수님은 병든 자를 고쳐주시면서 병든 자의 믿음을 강조하셨습니다. When Jesus healed the sick, he emphasized their faith.

예수님은 소경인 거지 바디매오에게 이렇게 말씀하셨습니다. Jesus said to a blind beggar "Bartimaeus".

마가복음 10:52절을 읽어봅시다. Let's read Mark 10:52.

마가복음 10:52 예수께서 이르시되 가라. **네 믿음이 너를 구원하였느니라** 하시니 그가 곧 보게 되어 예수를 길에서 따르니라. "Go," said Jesus, "your faith has healed you." Immediately he received his sight and followed Jesus along the road.

"네 믿음이 너를 구원하였느니라."
"your faith has healed you."

무엇이 병을 치료하고 고쳤습니까?
What cured and healed the disease?

예수님은 "너의 믿음이! 너의 믿음이!"라고 말했습니다.

Jesus said like this, "Your faith! Your faith!"

예수 그리스도의 이름과 치료받는 사람의 **믿음**이 병을 낫게 했습니다. The name of Jesus Christ and the faith healed the sick person.

따라서 병든 자와 병을 고치기 위해 기도하는 자는 모두 믿음이 필요합니다. Therefore, faith is necessary for the sick and for those who pray for healing.

예수 그리스도의 이름은 믿음을 가지고 역사합니다.
The name of Jesus Christ works by faith of the sick.

우리는 믿음으로 하나님의 자녀가 되는 권세를 얻고 Through faith, we obtain the right to become children of God.

믿음으로 예수 그리스도의 이름 안에서 문제가 해결되고 질병이 치료됩니다. By faith, all our problems are solved in the name of Jesus Christ. By faith, all the diseases are healed in the name of Jesus Christ.

예수 그리스도의 이름과 우리의 **믿음**이 우리를 치료합니다.
The name of Jesus Christ and our faith heal us.
예수 그리스도의 이름과 우리의 **믿음**이 우리의 약한 것을 강하게
합니다. The name of Jesus Christ and our faith make our
weakness strong.

예수 그리스도의 이름과 우리의 **믿음**이 우리의 모든 문제를 해결
해 줍니다. The name of Jesus Christ and our faith solve
all our problems.

5. 이제 말씀을 정리해 보겠습니다.
   Now I am going to conclude today's Word.

예수님의 대속하신 죽음은 마귀의 일을 멸했습니다.
Jesus' atoning death destroyed all the devil's scheme.
예수님의 부활하심은 사망 권세를 깨뜨렸습니다.
The resurrection of Jesus broke the power of death.

우리 죄는 예수 그리스도의 이름을 믿음으로 다 용서받습니다.
Our sins are forgiven by believing in the name of Jesus
Christ.

우리를 괴롭히는 귀신은 **예수의 이름**에 굴복하여 쫓겨나갈 수밖에 없습니다. Demons have to surrender to the name of Jesus Christ and ran away.

Demons have no choice.

Demons have to submit to the name of Jesus.

And demons must be cast out.

우리의 질병은 **예수 그리스도의 이름으로** 치료됩니다.

Any disease will be healed in the name of Jesus Christ.

우리의 모든 문제가 **예수 그리스도의 이름으로** 해결됩니다.

All our problems will be solved in the name of Jesus Christ.

여러분은 예수 그리스도의 이름의 권세를 믿습니까?

Do you believe in the power of the name of Jesus Christ?

예수 그리스도의 이름은 모든 이름 위에 뛰어난 이름입니다.

The name of Jesus is the greatest name that is above every name.

세상의 모든 것은 예수의 이름 앞에 다 무릎을 꿇는 것입니다.
Everything in the world should bow its knees before the name of Jesus Christ.

영적 존재인 마귀도 예수 그리스도의 이름 앞에 무릎을 꿇는 것입니다. Even the devil, a spiritual being, kneels down before the name of Jesus Christ.

예수 그리스도의 이름은 세상 그 어떤 것보다 더 큰 권세를 가지고 있습니다. The name of Jesus Christ has the greatest power than anything in the world.

예수 그리스도의 이름을 대적할 자는 아무도 없습니다.
No one can stand against the name of Jesus Christ.

사도들은 예수 그리스도의 이름으로 병을 고쳤습니다.
Apostles healed the sick in the name of Jesus Christ.

또 예수 그리스도의 이름으로 기적과 표적이 나타났습니다.
Miracles and signs were performed in the name of Jesus Christ.

예수 그리스도의 이름은 사탄을 두렵게 하고 떨게 만듭니다.
The name of Jesus Christ makes Satan tremble.

대제사장은 사도들이 예수의 이름으로 말하지 못하도록 금했습니다. The Jewish high priest forbade the apostles to speak in the name of Jesus.

예수의 이름이 얼마나 두려웠기에 그 이름으로 말하지 못하도록 금했겠습니까?
How fearful must Jesus' name have been to them that they forbade to speak in the name of Jesus?

예수 그리스도의 이름은 구원과 치유의 능력이 있습니다.
Jesus' name has the power to save and heal.

예수 그리스도의 이름은 날 때부터 걷지 못하는 자를 걷게 했고
The name of Jesus Christ made the man who could not stand up since birth, be strong and walk.

예수 그리스도의 이름을 믿는 믿음으로 질병도 치료되었습니다.
Even diseases were healed through faith in the name of

Jesus Christ.

예수님은 자신의 능력있는 이름을 사용하도록 제자들에게 맡겼고 또 믿는 우리에게도 맡겼습니다. Jesus entrusted to use his mighty name to his disciples and also to us.

따라서 우리는 모두 예수 그리스도의 이름의 권세를 사용할 수 있습니다. We can use the power of the mighty name of Jesus Christ.

우리는 예수 그리스도의 이름을 사용하는 권세를 얻었습니다.
We have the right to use the name of Jesus Christ.
Jesus gave us the right to use the name of Jesus Christ.

사탄은 예수 그리스도의 이름으로 명령하는 우리의 명령에 복종합니다.
Satan obeys our commands in the name of Jesus Christ.

예수 그리스도의 이름의 권세는 믿음을 가진 자만이 사용할 수 있습니다.
The power of the name of Jesus is available only to

those who have faith.

예수 그리스도의 이름을 무엇으로 비유할 수 있겠습니까?
What can we compare the name of Jesus Christ to?

예수 그리스도의 이름은 기적을 행하는 모세의 지팡이와 같습니다. The name of Jesus Christ is like the staff of Moses that works miracles.

또 베드로에게 맡겨진 천국 문을 열고 닫는 천국 열쇠와 같은 것입니다. And it is like the key to open and close the gate of Heaven. That key to heaven was entrusted to apostle Peter by God.

우리는 믿음으로 예수 그리스도의 이름을 모세의 지팡이로 사용할 수 있습니다. We can use the name of Jesus Christ as the staff of Moses by faith.

또 믿음으로 천국 문을 열 수 있는 천국 열쇠로 사용할 수 있습니다. And it can be used as a key to open and close the gate of Heaven through faith.

우리는 믿음과 예수 그리스도의 이름으로 사탄의 권세를 깨뜨릴 수 있습니다. We can break the power of Satan through faith in the name of Jesus Christ.

예수 그리스도의 이름은 믿음을 가진 자만이 사용할 수 있는 능력입니다. The name of Jesus Christ is the power that only those who have faith can use.

믿음이 중요합니다. 믿음이 없으면 아무것도 할 수 없습니다.
Faith is truly important.
You can not do anything without faith.

믿음이 없으면 예수 그리스도의 이름을 사용할 수 없습니다.
Without faith you can not use the name of Jesus Christ.

제사장 스게와의 아들들은 믿음 없이 예수 그리스도의 이름을 사용했습니다. (사도행전 19:14~16)
The sons of Sceva, the chief priest, used the name of Jesus Christ without faith. (Acts 19:14~16)

그들은 믿음이 없었기 때문에 귀신에게 큰 봉변을 당했습니다.
Because they had no faith, they suffered great harm
from demons.

우리는 우리의 믿음으로 예수 그리스도의 이름을 사용해서 승리해야 합니다. We must win by using the name of Jesus
Christ through our faith.

우리는 예수 그리스도의 이름의 권세를 사용할 수 있습니다.
We can use the power of the name of Jesus Christ.

예수 그리스도의 이름은 하나님 나라로 들어갈 수 있는 열쇠입니다. The name of Jesus Christ is the key to entering the
kingdom of God.

우리는 또 예수 그리스도를 믿는 믿음도 가지고 있습니다.
We also have a faith in the name of Jesus Christ.

우리는 예수 그리스도의 이름을 사용할 수 있는 더 큰 믿음을 가져야 합니다. We must have a stronger faith to use the
name of Jesus Christ more powerfully.

그러면 우리는 더 큰 믿음을 어떻게 세울 수 있을까요?

So how can we build a stronger faith in us?

로마서 10:16~17절을 읽어봅시다.

Let's read Romans 10:16-17.

로마서 10:16 그러나 그들이 다 **복음을 순종하지 아니하였도다.** 이사야가 이르되 주여 우리가 전한 것을 누가 믿었나이까 하였으니 But not all the Israelites accepted the good news. For Isaiah says, "Lord, who has believed our message?" **17** 그러므로 **믿음은 들음에서 나며 들음은 그리스도의 말씀으로 말미암았느니라.** Consequently, faith comes from hearing the message, and the message is heard through the word about Christ.

믿음은 하나님의 말씀을 듣고 깨닫고 말씀을 지켜 순종함으로 성장합니다. Faith grows by hearing the Word of God, particularly the Gospel. Faith grows by understanding the Word of God and by keeping it, and by obeying it.

또 말씀을 순종하기 위해 힘써 기도함으로 믿음이 성장합니다. Faith also grows as we strive to obey the Word and pray diligently.

그리고 말씀대로 이루어지는 것을 경험함으로써 우리의 믿음은 성장합니다. As we experience to accomplish according to God's Word, our faith grows further.

우리는 예수 그리스도의 능하신 이름으로 승리하기 위해서 우리의 믿음을 말씀과 기도와 순종으로 끊임없이 성장시켜야 할 것입니다. We must constantly grow our faith through Words, prayers, and our obedience in order to be victorious in the mighty name of Jesus Christ.

창조주 하나님 우리 주 예수 그리스도의 능하신 이름으로.
In the mighty name of the Creator God, Jesus Christ.
우리의 왕이신 하나님, 우리 주 예수 그리스도의 이름으로.
In the mighty name of our Lord our King, Jesus Christ.
우리의 대속주 하나님, 우리 구주 예수 그리스도의 이름으로.
In the mighty name of our Savior God, Jesus Christ.

예수 그리스도의 이름의 권능과 우리의 믿음은 둘 다 매우 중요합니다. The power of the name of Jesus Christ and our faith are both really important.

예수 그리스도의 능하신 이름을 사용하는 것은 우리의 몫이며 우리의 특권입니다.

It is our portion to use the name of Jesus Christ.
And it is our right to use the name of Jesus Christ.

어디를 가든지, 어떤 환경에서든지, 믿음으로 예수 그리스도의 능하신 이름을 사용하여 승리하는 저와 여러분이 되기를 예수 그리스도의 이름으로 축원합니다. 아멘. Wherever we go, whatever our circumstances, I pray in the name of Jesus Christ that you and I may be victorious by using the mighty name of Jesus Christ with faith. Amen.

6. 오늘 말씀을 가지고 기도하겠습니다.
Let's pray with today's Word.

하나님 아버지, 우리에게 예수 그리스도의 이름을 사용할 수 있는 특권을 주셔서 감사합니다. Thank you Father God for giving us the right to use the name of Jesus Christ.

또 예수 그리스도의 이름의 권세를 사용할 수 있도록 우리에게 허락하심을 감사드립니다. And thank you for allowing us to use the power of the name of Jesus Christ.

우리가 신앙생활을 하는 동안, 예수 그리스도의 이름을 사용할 수 있는 특권을 받은 자로서 예수 그리스도의 이름을 사용함으로써 세상의 모든 것을 이길 수 있도록 도와주시옵소서.
During our lives of faith, please help us so that we may overcome everything in the world by using the name of Jesus Christ as your children who have received the right to use the power of Jesus' name.

우리는 예수 그리스도의 이름을 능력있게 사용하기 위해서 우리의 믿음이 날마다 성장하기를 원합니다.
We want our faith to grow every day, so that we can use the name of Jesus Christ powerfully.

하나님의 말씀을 통해서 믿음이 성장하게 하옵소서. Please bless us to grow our faith through the Word of God.
하나님께 기도함으로 믿음이 성장하게 하옵소서. Please bless us to grow our faith through praying to God.
그리고 하나님께 순종함으로 믿음이 성장하게 하옵소서. Please bless us to grow our faith through obeying to God.

우리의 주, 우리 왕이신 예수 그리스도의 이름으로 기도합니다.
아멘. We pray in the name of our Lord, our King, Jesus
Christ. Amen.

7. 제가 우리 모두를 위해 기도하겠습니다.
Now I will pray for all of us. Let's pray.

하나님 아버지, 성령을 통해서 우리 모두를 만져주세요.
Father God, please touch us with your Love and Grace
through the Holy Spirit.

지금 우리 모두에게 예수 그리스도의 이름으로 좋은 것으로 채
워주세요. Please fill us with all good things for us in the
name of Jesus Christ.

성령을 통해 우리 삶을 인도해 주세요.
please guide our life through your Holy Spirit.

아버지 하나님, 제가 지금 우리 모두를 위해 예수 그리스도의 이
름으로 다음과 같이 선포합니다. Father God, I proclaim in
the name of Jesus Christ for all of us as follows.

내가 지금 우리 각 사람으로부터 사탄의 모든 주술을 끊노라.

Now, I disconnect every witchcraft from each of us.

내가 우리 각 사람으로부터 사탄의 모든 간계를 끊노라.

I disconnect all the devil's schemes from each of us.

내가 지금 우리 각 사람으로부터 모든 저주를 끊노라.

Now, I disconnect all the curse from each of us.

위대하신 예수 그리스도의 이름으로.

In the mighty name of Jesus Christ.

위대하신 우리 주 예수 그리스도의 이름으로.

In the mighty name of our Lord Jesus Christ.

여러분의 인생에 복이 있기를 축원합니다.

May your life be blessed.

여러분의 건강에 복이 있기를 축원합니다.

May your health be blessed.

여러분의 재정에 복이 있기를 축원합니다.

May your finance be blessed.

여러분의 가정에 복이 있기를 축원합니다.

May your family be blessed.

여러분의 자녀들에게도 복이 있기를 축원합니다.

May your children also be blessed.

오 주님, 주님의 사랑을 우리 모두에게 채우소서.

O my Lord, our Lord Jesus Christ.

Please fill with your love for all of us.

능하신 예수 그리스도의 이름으로 기도합니다.

I pray for all of us in the mighty name of Jesus Christ.

우리 주, 예수 그리스도의 능하신 이름으로!

In the mighty name of our Lord, Jesus Christ!

우리의 왕, 예수 그리스도의 위대하신 이름으로!

In the mighty name of our King, Jesus Christ!

여러분, 여기를 보세요. Please look here.

여러분 몸에 아픈 곳이 있습니까?

Are you sick in your body?

여러분의 마음에 괴로움이 있습니까?

Are you suffering in your heart?

문제가 있는 분이 있습니까?

Do you have some problems?

몸이 아픈 분은 아픈 곳에 손을 얹어주세요.

If you are sick, put your hand on the painful body.

문제가 있는 분은 가슴에 손을 얹어주세요.

If you have any trouble, put your hand on your heart.

저는 지금 대중기도를 통해서 성령님께 여러분을 맡기려고 합니다. Now I am going to entrust you to the Holy Spirit through mass prayer.

저는 오늘 복음을 전했습니다. I have preached the Gospel.

복음을 전하는 곳에는 하나님의 기사와 이적이 나타납니다. Wherever the Gospel is preached, God's wonders and miracles appear.

지금 이곳에는 병 고치시는 성령의 역사가 있습니다. In this place, there is the healing work of the Holy Spirit.

왜냐하면, 여러분은 예수 그리스도의 이름을 믿기 때문입니다.
Because you all believe in the name of Jesus Christ.

여러분의 아픈 몸에 손을 얹어주세요.
Please on your sick place, put your hands.

8. 예수 그리스도의 이름으로 여러분을 위해 기도합니다.
I pray for you in the mighty name of Jesus Christ.

예수의 능하신 이름으로 명하노니 묶임에서 자유로워질지어다.
Be free in the mighty name of Jesus Christ.
Be free in the mighty name of our Lord, Jesus Christ.
Be free in the mighty name of our King, Jesus Christ.

예수의 능하신 이름으로 명하노니 질병에서 치료될지어다.
Be healed in the mighty name of Jesus Christ.
Be healed in the name of our Lord Jesus Christ.
Be healed in the name of our King, Jesus Christ.

위대하신 우리 주, 예수 그리스도의 이름으로!
In the mighty name of our Lord, Jesus Christ.

위대하신 우리의 왕, 예수 그리스도의 이름으로!
In the mighty name of our King, Jesus Christ.

위대하신 우리의 대속주 하나님, 예수 그리스도의 이름으로 기도합니다. 아멘. I pray in the mighty name of the redeemer God, our Savior, Jesus Christ. Amen.

저는 지금까지 예수 그리스도의 이름을 선포하면서 기도했습니다. Until now, I have prayed by proclaiming the name of Jesus Christ.

여러분은 예수 그리스도의 이름으로 제가 여러분을 위해 기도한 대로 될 줄 믿습니까? Do you believe that what I prayed for you in the name of Jesus Christ, will come true?

예수 그리스도의 이름으로 자유하기를 축원합니다.
May you be free in the mighty name of Jesus Christ.
예수 그리스도의 이름으로 병이 낫기를 축원합니다.
May you be healed in the mighty name of Jesus Christ.

하나님은 여러분에게 복 주십니다. God bless you.

이러므로 하나님이 그를 지극히 높여

모든 이름 위에 뛰어난 이름을 주사

하늘에 있는 자들과 땅에 있는 자들과 땅 아래에 있는 자들로

모든 무릎을 예수의 이름에 꿇게 하시고

모든 입으로 예수 그리스도를 주라 시인하여

하나님 아버지께 영광을 돌리게 하셨느니라.

(빌립보서 2:9~11)

영접하는 자 곧 그 이름을 믿는 자들에게는

하나님의 자녀가 되는 권세를 주셨으니

(요한복음 1:12)

두세 사람이 내 이름으로 모인 곳에는

나도 그들 중에 있느니라.

(마태복음 18:20)

너희가 내 이름으로 무엇을 구하든지 내가 행하리니

이는 아버지로 하여금 아들로 말미암아 영광을 받으시게 하려 함이라.

내 이름으로 무엇이든지 내게 구하면 내가 행하리라.

(요한복음 14:13~14)

모든 것이 하나님께로서 났으며

그가 그리스도로 말미암아 우리를 자기와 화목하게 하시고

또 우리에게 화목하게 하는 직분을 주셨으니

곧 하나님께서 그리스도 안에 계시사

세상을 자기와 화목하게 하시며

그들의 죄를 그들에게 돌리지 아니하시고

화목하게 하는 말씀을 우리에게 부탁하셨느니라.

(고린도후서 5:18~19)

나를 능하게 하신 그리스도 예수 우리 주께

내가 감사함은

나를 충성되이 여겨 내게 직분을 맡기심이니

(디모데전서 1:12)

사람이 마땅히 우리를 그리스도의 일꾼이요

하나님의 비밀을 맡은 자로 여길지어다.

그리고 맡은 자들에게 구할 것은 충성이니라.

(고린도전서 4:1-2)

또 네가 많은 증인 앞에서

내게 들은 바를 충성된 사람들에게 부탁하라.

그들이 또 다른 사람들을 가르칠 수 있으리라.

(디모데후서 2:2)

잠잠하지 말고 **복음을 선포하라**
Preach Jesus Christ

강신웅 지음

초판 1쇄 발행 | 2025년 03월 26일

펴낸이 | 전병철
펴낸곳 | 세우미
등　록 | 476-54-00568
등록일 | 2021년 07월 26일
주　　소 | 광명시 영당안로 13번길 20. 삼정타운 다4동 404호
이메일 | mentor122@naver.com
인스타그램 | https://www.instagram.com/sewoomi1,　@sewoomi_

ISBN　979-11-93729-05-2　(93230)